Mitologia Grega

De Afrodite a Zeus - Os Deuses, Deusas, Heróis e Monstros da Grécia Antiga

Por leitores ativistas de história

1

Introdução

Você ama a mitologia grega?

Se você é um fã da mitologia grega, então este é o livro para você. Ela contém tudo, desde a criação do mundo até a morte do Olimpo. Você conhecerá todos os grandes deuses e deusas, assim como dezenas de personagens menos conhecidos. Este é um guia essencial para qualquer amante da mitologia, um guia abrangente para todos os deuses, deusas, heróis e monstros da Grécia Antiga.

As histórias da Grécia antiga são algumas das mais famosas de toda a mitologia. Por milhares de anos, as pessoas têm sido fascinadas pelos deuses e deusas, heróis e monstros da mitologia grega. As histórias foram originalmente transmitidas oralmente, e só mais tarde foram escritas. Muitas das histórias foram eventualmente reunidas em um livro chamado A Ilíada, que foi escrito pelo poeta Homero. Outros mitos gregos populares incluem The Odyssey, The Argonautica, e The Argonauts.

Estas histórias contam as grandes aventuras de heróis como Hércules e Jason, enquanto viajavam para terras longínquas em busca de aventura e perigo. Ao longo do caminho, elas encontrariam criaturas fantásticas como o Minotauro e a Hidra, bem como deusas lindas como Afrodite e Atena.

Enquanto as histórias são cheias de aventura, elas também ensinam lições importantes sobre moralidade, coragem e lealdade. Com uma narrativa envolvente, este livro traz a Grécia antiga à vida como nunca antes. Experimente a mitologia grega como nunca antes com este livro de leitura obrigatória. Você ficará encantado com as histórias deles e maravilhado com o poder que eles exerciam tanto sobre os mortais quanto sobre os deuses.

Tabela de conteúdo

MORTAIS - MORTAIS DESAFIADOS 152

Grego Mitologia

A mitologia grega é o conjunto de mitos e sagas da Grécia Antiga. Estas são histórias sobre deuses, semi-deuses e contato entre deuses e humanos.

A mitologia grega deu aos antigos gregos explicações sobre as origens do mundo, corpos celestes, pessoas, deuses, males, doenças, fenômenos naturais e os elementos primordiais da terra, da água, do fogo e do ar. Ela formou a base da religião dos antigos gregos. Eles são conhecidos por terem feito tentativas de sistematizar e reformular mitos conhecidos de sua própria cultura e ambiente, fazendo amplo uso de etiologia e epônimo. Isto envolveu a compilação de árvores genealógicas de deuses conhecidos e criaturas míticas. Deidades mais antigas, às vezes de outras culturas como Anatólia, Mesopotâmia antiga e Egito, foram incorporadas e encaixadas, e novos mitos foram criados para explicar tal encaixe. Antigos eventos históricos quase esquecidos também foram elevados ao mito (como o da Amazônia) ou transmitidos em forma de mito. Como resultado, a mitologia em geral assumiu uma manifestação renovada e se tornou muito extensa e muito complexa.

Politeísmo

Os gregos acreditavam que existiam muitos deuses diferentes e outros seres míticos, a maioria dos quais eram semideuses. Eles eram assim politeístas (*poly* = muitos e *theos* = deus) e adoravam um *panteão* de deuses e deusas. Parte da razão para este politeísmo é que muitos cultos locais estavam unidos em uma religião pan-helênica, como foi o caso da mitologia egípcia. As histórias dos deuses foram transmitidas oralmente, o que provavelmente é a razão pela qual variantes locais e fatos contraditórios aparecem aqui e ali.

No mundo grego, foram feitos sacrifícios para propiciar ou agradecer aos deuses. Isto era feito com freqüência em um altar. Tal altar estava em um *temenos*, um domínio sagrado, que às vezes incluía um templo. Um sacrifício era freqüentemente um produto agrícola; uma doação de sangue era geralmente um animal (saudável). Os mitos falam do sacrifício humano, como a história em que Agamenón sacrifica sua filha Iphiginea para obter ventos favoráveis de Artemis para navegar até Tróia.

Os deuses gregos possuíam poderes extraordinários, mas podiam assumir formas humanas e exibir comportamentos e falhas humanas.

5

Jogos de poder eram freqüentemente jogados, e emoções como luxúria, raiva, alegria e ciúme não eram estranhas a eles.

Celebrações

Eventos importantes, como festivais agrícolas, foram celebrados com jogos rituais, o canto de canções e com desfiles especiais, muitas vezes usando máscaras de deuses. Isto é especialmente verdade em relação ao culto de Dionísio, o deus do vinho, à intoxicação e a um pouco de agricultura. Mais tarde, as tragédias e comédias gregas evoluíram a partir desses desfiles mascarados. Quando decisões importantes tinham que ser tomadas, as pessoas frequentemente pediam conselhos. As pessoas foram ao templo em Delfos para buscar um oráculo, um pronunciamento consultivo dos deuses.

Tal oráculo poderia, em parte se camuflando em declarações vagas e em parte por grandes conhecimentos políticos, fazer previsões surpreendentemente boas.

Expressões

Muitos termos e expressões na linguagem contemporânea são derivados da mitologia grega. Exemplos incluem um tormento tantalus, a caixa de Pandora, um trabalho de Sísifo, o calcanhar de Aquiles, um complexo de Édipo, um complexo de Édipo, um complexo de Electra, um estábulo de Augias, um calcanhar de Aquiles, uma odisseia, uma musa e um oráculo (feitiço). Muitos planetas, estrelas e outros corpos celestes também trazem nomes da mitologia grega.

Histórias

Algumas das histórias, como aquela sobre uma inundação que consome tudo, são encontradas em outros sistemas mitológicos e de crenças. Tanto o Tanakh/Old Testament e Plato falam de uma "inundação". Mitos muito antigos da mitologia da Mesopotâmia também mencionam tal ocorrência. Uma explicação possível é que tal evento de fato ocorreu e tomou diferentes formas através da tradição oral. Veja também histórias de enchentes gregas e origens da humanidade na mitologia grega.

As primeiras histórias gregas conhecidas registradas sobre a criação do céu e da terra ocorrem no século VIII a.C. e foram escritas por Hesiodos. Mitos e sagas gregos foram coletados e transmitidos por Homero, que viveu no século VIII ou IX a.C. Suas obras mais conhecidas são a *Ilíada* e

6

a *Odisséia*. Estes se baseiam na história da Guerra de Tróia. Os mitos gregos dominam quase toda a literatura antiga. Ainda hoje, vemos elementos da mitologia grega em muitas obras musicais clássicas da Idade Média em diante, em peças de teatro, arte visual e obras literárias.

Há também histórias modernas sobre a mitologia grega. Ainda é um tema popular agora depois de milhares de anos.

A criação do mundo na mitologia grega

A história mais famosa sobre a criação do mundo foi a Theogonia de Hesiodos.

Nele desempenha um papel: Gaia, Tartaros, Eros, Pontus, Ouranos, os Titãs (incluindo Okeanos, Prometheus, Iapetus, Kronos, Hyperion, Tethys, Themis, Rhea e Theia), os Cíclopes, os Gigantes, os Erinyes, Hera, Hestia, Demeter, Hades, Poseidon, Zeus, Olympus, Afrodite, Artemis, Pallas Athene, Apollo, Hefesto, Typhon, os Moirs e Heracles.

Mitos e lendas da mitologia grega

- A saga de Heracles, incluindo as histórias sobre os Gigantes, Euristheus, a Hydra, os Centauros, o estábulo de Augias, o cinturão da Rainha da Amazônia, o gado de Geryones, a maçã das Hespérides, Kerberos (o guardião do submundo) e o Centauro Nessus.
- Os Argonautas, incluindo as histórias sobre Jason e o Tosão de Ouro.
- Theseus, com histórias de viagens a Atenas e Creta, a batalha dos Lapiths e Centauros e Phaedra.
- Édipo e os Labdácidos, incluindo histórias sobre o Oráculo de Delfos, a cidade de Colonus, a busca de vingança da Polinicies, Antígona em Tebas, Antígona e Creonte.
- A Guerra de Tróia, incluindo histórias sobre Tróia, o ressentimento de Aquiles, a vingança de Apolo, a batalha por Helena, Andromache, Patroklos, Hector, Priamos, Penthesilea, Aiax, Menelaus, o cavalo de Tróia, Laocoön e Sinon.
- O destino dos Tantalids, incluindo contos de Atreus, Agamemnon, Orestes, Erinyes, Areopagus e Iphigenia em Tauris.
- As andanças de Odisseu, incluindo os contos de Ítaca, Telemachos, o naufrágio, Nausikaä, os Facianos, os Lotofagos, os Cíclopes, Polifemos, Aeolus, os Laistrygons, o reino fantasma, as

Sereias, Cila e Charybdis, Helios, Eumaeus, Penélope, Circe, Laërtes e Hermes.

Imortais - Deuses maiores e deusas

Afrodite

A deusa do amor, da beleza e da fertilidade

Os romanos identificaram Afrodite com sua deusa Vênus.

Na mitologia grega, **Afrodite** (grego antigo: Ἀφροδίτη, Aphrodítē) é a deusa do amor, da beleza, da sexualidade e da fertilidade, entre outras coisas. Alguns também a consideram a deusa do equilíbrio. Ela se originou da deusa fenícia Astarte, mas foi tão reformada pelos gregos de acordo com sua disposição e necessidades que se tornou uma verdadeira deusa grega. Ela é freqüentemente representada com o deus Eros e um ganso.

Origem

Embora a imagem de Afrodite - principalmente a de Afrodite *Urania* - mostre muitas características orientais, suas possíveis origens orientais são controversas. Alguns estudiosos atribuem-lhe uma origem indo-européia, embora com características decididamente orientais. O papel do Chipre parece ter sido importante para o elemento oriental na imagem da Afrodite grega. Além da hipótese oriental, há a improvável alegação de

10

Tümpel de que ela seria de origem tessaliana, uma vez que seu culto era muito difundido na Tessália e na Boécia. Se já podemos ver uma representação de Afrodite na mulher nua cujos genitais estão fortemente marcados e que está rodeada de pássaros em algumas placas de ouro dos túmulos de eixo de Micenas, temos que nos perguntar até que ponto até mesmo a civilização micênica e até mesmo minóica já estava sob influência oriental. Por alguns autores antigos, ela era considerada a mais antiga dos mouros (deusas do arranjo).

O nome do mês de abril (lat. *aprīlis* mēnsis, de Etruscan *Apru*, derivado do grego Aphrō) vem de Afrodite. O antigo calendário de Rômulo o chamava de mês de Vênus.

Nascimento

Há várias histórias sobre o nascimento de Afrodite na mitologia grega ou o que pode ser contado como tal. Segundo Homero, ela era uma filha de Zeus e Dione, uma titanóide ou oceanóide. Com esta mãe, símbolo da fertilidade da natureza, devolvendo a semente espalhada nela com rica colheita, Afrodite foi por vezes identificada, embora Theia (Dione) como um ser divino separado tivesse seu próprio significado e personalidade.

Outros chamam Afrodite de filha de Urano e da deusa do dia Hemera; outros ainda tentam conciliar os diferentes mitos sobre sua origem adotando três ou quatro deusas com esse nome.

O mais famoso, porém, é o mito narrado por Hesíodo, segundo o qual Afrodite surgiu da espuma de prata (grego: ἀφρός / aphrós) do mar no momento em que as ondas do mar foram fertilizadas por algumas gotas de sangue que caíam do primeiro governante mundial e rei dos deuses Urano, depois que este último havia sido castrado por seu filho Kronos com uma foice de diamante e depois privado de domínio. Ela se levantou das grades do mar como a mais bela de todas as mulheres, branca como a espuma da qual ela nasceu, e a beleza e o encanto estavam sobre seu rosto sorridente e sobre todo o seu ser. Assim ela recebeu o nome de Afrodite, "a que nasceu da espuma", ou *Anadyomene*, "a emergente".

Primeiro, ela flutuou através das águas até a ilha de Kythira, de onde adquiriu o apelido (epiklese) "de Kythera", ou *Kythereia*. Ela foi então para a ilha de Chipre. Onde ela apareceu, o deserto se transformou em campos floridos: flores brotaram sob seus encantadores pés e toda a terra se regozijou no deleite celestial. Uma respiração suave do Zephyr a havia levado para a terra. Ali, os Chifres da Primavera a esperavam para levá-la aos deuses imortais, ou, como o famoso escultor Phidias a descreveu, quando emergiu do mar, ela foi recebida por Eros (que então dificilmente poderia ser considerado seu filho, a menos que aqui houvesse acordo com o antigo mito egípcio de Ísis, Osíris e Horus), coroado por Peitho e logo cercado por todos os deuses do céu e da terra.

Adoração e epilepsia

Afrodite assim se posiciona em relação às três partes do universo através de seu nascimento e descendência. Sua origem está no céu, ela nasceu do mar e a terra a recebeu com todo o esplendor e glória que a primavera pode dar. Esta tríplice relação na qual Afrodite se posiciona perante a natureza teve uma grande influência em sua adoração.

De fato, ela é adorada pela primeira vez como *Urania*, esta é a "Celestial", como a deusa que pertence aos deuses celestiais e tem sua morada com eles.

Segundo, como *Afrodite Pandemos*, esta é aquela deusa que afirma seu poder sobre toda a terra e todo o povo. As pessoas têm muitas vezes feito o contraste - errado - entre *Afrodite Urania* como deusa do amor puro e casto e *Afrodite Pandemos* como o do amor sensual. No entanto, esta visão não era originalmente prevalecente entre os gregos. A concepção original desses dois nomes era que *Afrodite Urania* era uma poderosa deusa do céu, a antiga deusa da natureza, símbolo da fertilidade da natureza, enquanto que *Afrodite Pandemos, por* outro lado, era a deusa que através de seu poder - a necessidade de amor inato em cada ser humano - permeia toda a nação.

Uma terceira Afrodite, chamada *Euploia*, era uma deusa do mar e da navegação. Nessas três funções, ela era adorada, por exemplo, no promontório de Cnidus na Ásia Menor, em três santuários separados.

Em outros lugares, a deusa foi adorada por sua extraordinária influência nos corações dos homens, nos quais ela inspirou amor ou aversão, e esta *Afrodite Epistrophia* ou *Apostrophia*, refletida na *Vênus Verticordia* Romana que é "quem vira os corações", apareceu como a terceira deusa em companhia de *Afrodite Urania* e *Pandemos*. Entretanto, a mitologia posterior fez tal distinção entre as diferentes formas principais nas quais a deusa era adorada que até mesmo uma genealogia diferente foi adotada para cada forma.

Afrodite Urania

12

A maioria segregada e distinta das outras formas de sua adoração era certamente a de *Afrodite Urania*. Foi o mesmo culto que o de *Afrodite Akraia*, ou seja, "nas alturas", que foi especialmente indígena no Chipre, em Cnidus, em Corinto e no Monte Eryx, na Sicília. Este serviço era muito simples. Não foram permitidos sacrifícios sangrentos em seus altares. A imagem de *Afrodite Urania* estava armada e ela era adorada junto com Ares. As mulheres foram excluídas de seu culto em quase todos os lugares. Em Sicyon, onde suas sacerdotisas tinham que observar a castidade rigorosa, ela usava na cabeça um símbolo do cofre celeste e em suas mãos uma papoula e uma maçã, os símbolos da fertilidade. Sempre *Afrodite Urania foi* representada como plenamente vestida, e as pessoas tentaram dar a suas imagens o selo de seriedade e castidade, para que mais tarde ela se tornasse naturalmente o símbolo do amor puro e da fidelidade conjugal. Mas seu verdadeiro significado como deusa da natureza era o do céu estrelado, trazendo bênção e fertilidade do alto, especialmente através do orvalho das noites frias. Por exemplo, acreditava-se no Monte Eryx que o grande altar que a deusa possuía ali estava cheio de orvalho todas as manhãs e grama fresca que havia crescido durante a noite.

O verdadeiro símbolo desta deusa era a lua, e além da lua, ela também estava associada à estrela de Vênus (a Afrodite grega foi posteriormente identificada com a Vênus romana).

Esta *Afrodite Urania* foi elogiada e invocada pelos sábios, e elogiada por seu brilho, que ela espalhou pelo céu por seu grande poder, e pela fertilidade, que ela fez descer dos céus para a terra.

Afrodite Pandemos

Mais elaborada, e mais atraente para a maioria do povo grego, era a adoração daquela Afrodite que não era uma deusa abstrata da natureza, mas que afirmava seu poder e influência sobre toda a terra e todo o povo, o de *Afrodite Pandemos.* Esta é a deusa dos jardins e das flores, a deusa mendiga da primavera, a deusa que encanta os sentidos através do amor. Ela estava especialmente associada às belas flores que produzia, tais como murtas e rosas. Ela se revelou de preferência na umidade fértil da primavera. Quando o Zephyr começou a soprar novamente e Zeus e Hera celebraram sua festa de casamento, quando os céus derrubaram a chuva fertilizante sobre a terra e o sono morto do inverno deu lugar à vida jovem e fresca da primavera, era a hora de adorar *a Afrodite Pandemos.*

Os poetas gregos gostavam de cantar sobre seu poder, o poder do amor, pois ele se revela em toda a natureza, especialmente na primavera. Naquela época do ano, a própria deusa também saboreia o doce prazer do amor. Ela fica com Adonis no Chipre, com Hephaistos em Limnos, com Ares em Tebas, com Anchises nas florestas da Montanha Ida. Escusado será dizer que os principais festivais desta Afrodite foram celebrados na primavera, especialmente em Paphos e Amathus no Chipre, onde o nascimento de Afrodite do mar foi então também comemorado.

Contra a alegria e a exuberância daqueles festivais da primavera, porém, houve também o profundo e igualmente excessivo pesar que caracterizou parte da adoração de Afrodite naqueles festivais, relacionados com a morte de Adonis.

Este belo jovem, que pastava os rebanhos nas montanhas como um pastor ou vagueava pelas florestas como um caçador, foi permitido alegrar-se com o amor de Afrodite, até que um javali o matou. A deusa o procurou, finalmente encontrou seu cadáver e não pôde se separar dele nem mesmo. Finalmente os deuses tiveram piedade dela e permitiram que Adonis passasse apenas metade do ano no submundo, mas durante a outra metade para desfrutar da gloriosa luz do sol na companhia de Afrodite por tanto tempo quanto a primavera e o verão duraram.

Especialmente no Oriente, festivais muito grandes foram anexados a este mito. O desaparecimento de Adonis foi então representado simbolicamente; as pessoas o procuraram até que finalmente encontraram seu cadáver e o lamentaram. Todas as cerimônias, todas as lamentações, com as quais uma cerimônia de enterro foi acompanhada, também foram realizadas e cantadas pelos processionistas, que carregaram sua imagem como a de uma pessoa morta, até que no final da festa ressoou o grito alegre: "*Adonis está vivo e ressuscitou!* ". Assim, a notícia de seu retorno transformou a tristeza em alegria. As pessoas também mantiveram pequenos jardins com flores curtas e floridas em sua homenagem.

Estes festivais foram uma representação alusiva da natureza efêmera das delícias concedidas pela primavera, expressando o sentimento de pavor e tristeza que assola o homem quando tudo na natureza parece estar entrando no sono da morte.

O mito fala de duas crianças, que a deusa teria dado a Adonis, e menciona seus nomes: Golgos e Beroë.

Afrodite Euploia

Em terceiro lugar, Afrodite está de pé em relação ao mar. Ela é portanto chamada *Euploia*, ou seja, *quem dá boa navegação*. Outros epítetos que indicam sua conexão com o mar são *Pontia (kai Liménia)* (*do alto mar (e do porto)*), *Thalassía* (*do mar*), *Liménia* (*do porto*), *Aligéna* (*do mar*), *Epipóntia* (*do mar*) e *Pelágia* (*do litoral*). É claro que, nesta qualidade, ela era mais freqüentemente adorada nas costas. Ela é uma deusa do mar calmo e tranqüilo. Ela sabe como acalmar Poseidon, quando ele quer criar tempestades, e proporciona aos marinheiros uma viagem feliz e os conduz a um porto seguro.

Outras aparições de Afrodite

Outros se juntaram a estas três representações de Afrodite. Primeiro, ela era adorada como uma deusa da beleza. Ela mesma possuía tal beleza, e toda atração que uma mulher pode ter era completamente sua. Seu trabalho era realçar esta beleza adornando o corpo.

Os atos de guerra, que falam de um espírito masculino, são totalmente alheios a ela. Se ela se aventura à guerra, ela sofre muito, como quando foi ferida diante de Tróia por Diomedes, que teve o apoio de Pallas Athena. No campo de batalha, ela não pode afirmar seu poder, e ainda assim é poderosa. Ela não só ajuda os troianos a suportar a longa batalha pelo apoio, que empresta a seu querido Paris e a seu filho Enéas, mas submete todos aqueles que ela quer trazer sob seu poder pelo poder irresistível de sua beleza.

A Afrodite dourada, a Afrodite docemente sorridente, são epítetos que se referem a este atributo. Ela usa a cinta do amor, que contém dentro dela todas as ferramentas mágicas que o amor tem à sua disposição: o desejo feroz e a doce linguagem do amor, que fazem com que até mesmo as mentes dos sensatos se afastem do caminho certo. Seus olhos, seu belo peito, sua bela boca, que é comparada a um botão de rosa, são muitas vezes cantados com entusiasmo pelos poetas gregos. Quando se quer realçar a beleza requintada de uma mulher mortal, compara-se ela com Afrodite.

Pelos Chifres e pelas Charitas, ela é sempre coroada com flores primaveris; suas roupas são permeadas pelos aromas dessas flores. Esta simples mas bela decoração da deusa com flores também foi adotada pela arte visual, que tentou representar o ideal de beleza feminina em

Afrodite. Isto foi desviado do Oriente, mas não na arte grega genuína dos Antigos.

Além dos epítetos já mencionados, a deusa era adorada sob vários outros nomes, especialmente depois dos lugares, onde tinha templos, como *Kypris*, *Kythereia*, *Kytherea* (depois da ilha de Chipre), *Paphia* (depois da cidade de Paphos), *Amathusia* (depois da cidade de Amathus), *Idalia* (depois do Monte Ida), *Knidia* (depois da cidade de Cnidus), *Erykine/Erykina* (depois do templo dedicado a Afrodite no Monte Eryx, na Sicília) ou *Akadalia* (nomeado depois da primavera do mesmo nome na Boécia, onde Afrodite se banhou com os Charites).

Entre seus outros apelidos merecem menção:

- *Areia*, isto é, "a guerreira", aludindo ao vínculo estreito pelo qual ela estava ligada a Ares. Como resultado, ela mesma havia se tornado, em certa medida, uma deusa da guerra. Especialmente em Esparta, onde as mulheres se distinguiam pela beleza extraordinária, ela era adorada sob esse nome. Ali ela tinha um templo com uma estátua muito antiga que trazia armas. Mais tarde, o serviço de *Afrodite Areia* também foi transferido para Corinto, Kythera e Chipre.
- *Afrodite Anadyomene*, significa "levantar-se do mar" e refere-se ao nascimento de Afrodite a partir da espuma do mar revolto.
- *Afrodite Erykine* era um apelido de Afrodite depois do Monte Eryx na Sicília, onde ela tinha um magnífico templo na ponta noroeste do país. Dizia-se que este templo havia sido fundado por seu filho Eryx, a quem ela havia dado à luz a partir de Butes. Sob o mesmo nome, a deusa foi adorada em Psophis, na Arcádia, onde Psophis, a filha de Eryx, construiu-lhe um templo. O serviço desta deusa se espalhou por toda a Sicília e veio de lá para Roma no início da Segunda Guerra Púnica, onde um templo foi erguido para ela no ano 217 a.C. após a Batalha do Lago Trasimeno. Um segundo templo foi construído em frente à *Porta Collina* em 181 AC.
- *Afrodite Hetaira* era originalmente uma deusa que protegia e controlava o vínculo íntimo da amizade; mais tarde ela se tornou a deusa padroeira daquelas mulheres de Atenas que, como vimos acima, dedicaram suas vidas inteiramente ao serviço dessa deusa e ousaram se comparar a ela.
- *Afrodite Kallipygos,* que era especialmente adorada na Sicília, foi referida por este apelido como "a deusa com as nádegas limpas". Este apelido excêntrico foi explicado por uma lenda, nativa de Syracuse. Lá, duas irmãs entraram em uma briga por qual delas

superou a outra em beleza, no que diz respeito a esta parte do corpo. Eles chamaram um jovem como árbitro, que decidiu a favor da irmã mais velha e ficou tão encantado com a beleza dela que quis fazer dela sua esposa. Ele comunicou o assunto a seu irmão mais novo, que agora gostava da irmã mais nova, e embora as meninas fossem filhas de um simples fazendeiro e os meninos filhos de um rico cidadão de Siracusa, este último concordou em deixar seus filhos se casarem com as filhas do fazendeiro. Em agradecimento por isso, as duas irmãs ergueram um templo em honra de *Afrodite Kallipygos* em Siracusa, no qual a estátua da deusa foi colocada com seu manto suspenso acima dos quadris.

- *Afrodite Ktesylla* era o nome da deusa que estava em um templo em Iulis, na ilha de Kea. Depois que Hermochares enterrou sua esposa Ktesylla, que ele havia perdido quando ela lhe deu um filho, uma pomba voou para o céu do caixão. Seu cadáver havia desaparecido. O oráculo de Delfos declarou então que Afrodite a tinha levado para si e que em memória disso, um templo deveria ser construído para *Afrodite Ktesylla*.
- Em Esparta, ao mesmo tempo em que uma *Afrodite Urania*, cuja imagem era representada armada, uma *Afrodite Morpho* também era adorada, aparentemente uma deusa do amor casto e da fidelidade conjugal.
- *Afrodite Melainis* ("a negra"), também chamada *Afrodite Melaina*, parece ter tido culto especial em Thespiae, em Melangeia e em Corinto. Esta epilepsia de Afrodite parece ter indicado a natureza chtônica de Afrodite, como uma deusa da fertilidade.
- *Afrodite Nymphia* era a protetora dos noivos e recém-casados, a quem foi dado um santuário próprio nos arredores de Troezen por Theseus quando este último levou Helena como esposa. Seu apelido foi derivado de νύμφη / nýmphê, um termo para uma menina passando da adolescência à mulher casada.
- *Afrodite Peitho* foi uma fusão de Afrodite com seu companheiro Peitho, enfatizando o aspecto do casamento e do noivado, que já era patronizado por ambas deidades e agora estava ainda mais ligado a Afrodite através da fusão das duas deusas, por assim dizer.
- *Afrodite Xene*, que é "a estranha Afrodite", era o nome sob o qual se dizia que Menelaus havia erguido um templo para Afrodite no Egito. De fato, quando Paris, depois de ter sacudido Helena, foi para Tróia, ele também entrou no Egito, mas o rei daquele país, Proteus, a guardou para si e expulsou Paris do país, sozinho ou com uma imagem falsa dela. Ele manteve Helena com ele, porém, e mais tarde a devolveu com os tesouros saqueados por Paris a

Menelaus, que ergueu um templo a Afrodite em agradecimento. Os romanos chamavam esta deusa de *Vênus Hospita*.

- A chamada *Afrodite de Afrodísia*, a deusa da cidade de Afrodísia na Anatólia, parece ter sido uma divindade Cariana original, que se fundiria em uma trindade de Afrodite *Ourania*, *Pandemos* e *Pelagia*. Nesta capacidade, Afrodite era adorada em todo o Mediterrâneo até o período imperial romano. O Imperador Adriano, entre outros, era um ardente adorador dela. No século V, entretanto, seu templo foi convertido em uma basílica cristã. Hoje, a estátua fica em Paris, onde ainda é visitada diariamente pelos turistas.
- *Isis-Afrodite* foi a associação feita a partir dela no Egito. Representações em terracota policromada da deusa nua, coroadas por uma cornucópia transformada em uma cesta ou cornucópia, eram comumente dadas a jovens casais como presentes de casamento, expressando o desejo de fertilidade. Após a morte, estes foram dados como presentes graves. A associação com o Egito é explicada pela grande admiração dos gregos pela antiguidade desta cultura. Os abastados até foram lá estudar em parte por este motivo.

Festas de afroditas

A *Afrodísia* eram festivais celebrados em honra de Afrodite, principalmente na ilha de Chipre, mais comumente na cidade de Paphos. Durante estes festivais, nenhum sacrifício sangrento foi permitido à deusa, que foi adorada aqui sob o disfarce de um cone redondo pontiagudo ou de uma pequena pirâmide branca. A chama do fogo sacrificial, o incenso e a mirra eram agradáveis para ela. Mais tarde, a *Afrodísia* parece ter sido acompanhada por mistérios dedicados à Afrodísia. *Afrodísia* também foi celebrada no templo de Afrodite em Amathus, que, depois do de Paphos, foi o templo mais famoso da deusa em Chipre, assim como na ilha dedicada a ela, Kythera. Além disso, a *Afrodísia* foi celebrada em Aigina, em Tebas, em Corinto e em Atenas, apesar de serem muito provavelmente conhecidas em toda a Grécia. Na maioria dos lugares, os hetaires participaram destes festivais com seus amantes.

No templo no Eryx, na Sicília, foram celebrados festivais curiosos: o *Anagogia* e o *Katagogia*. De fato, dentro e perto daquele templo, foram mantidas numerosas pombas, que em um certo tempo voaram todas para a Líbia. Esta foi considerada a partida de Afrodite e celebrada com um banquete, a *Anagogia*. Nove dias depois, as pombas voltaram com uma pomba estranha e extraordinariamente bela na frente. Isto foi chamado o retorno da deusa, que foi celebrado festivamente pelos *Katagogia*.

Afrodite em relação a outros deuses e mortais

Como mencionado, Afrodite é uma deusa do amor e da fertilidade. Ela confere aos mortais o encanto cativante que desperta o amor, mas ela também inspira a paixão consumista do amor. Ela mesma precedeu com seu exemplo. Ela sentiu a paixão do amor, ela fez mais de uma pessoa feliz ao dar-lhe seu amor. Ela casou-se com Hephaistos, o deus aleijado do fogo, mas a este último não foi permitido por muito tempo alegrar-se com sua lealdade. O Ares, masculino e guerreiro, o deus da guerra, conseguiu conquistá-la. Quando Hephaistos notou o adultério de sua esposa com Ares, ele criou uma rede artística. Enquanto ambos os amantes se achavam a salvo de qualquer distúrbio, eles foram subitamente pegos naquela rede por Hephaistos e abandonados aos olhares e palavras zombeteiras dos outros deuses.

Daquela união de Afrodite e Ares nasceram sete crianças: Harmonia, Deimos, Phobos, Eros, Himeros, Pothos e Anteros.

Afrodite também estava em uma relação muito próxima com Hermes. O fruto de sua união foi Hermaphroditus.

Com Dionysos, segundo alguns, ela era a mãe de Priapos. Ela parece ter uma relação próxima com este deus da fertilidade, pois encontramos vários santuários de Afrodite e Dionysos próximos um do outro.

Mas não só os deuses, às vezes até mesmo os mortais podiam se regozijar com o amor da deusa. Já vimos isso com Adonis. Que a deusa não gostava que as pessoas gozassem de suas aventuras amorosas é demonstrado pela seguinte lenda: quando a musa Clio gozou do amor de Afrodite por Adonis, ela foi castigada pela deusa com amor por Pieros, a quem ela deu à luz Hyakinthos.

O mito prossegue para contar seu amor pelo príncipe pastor de Tróia Anchises, que ela procurou nas florestas sombrias das Montanhas Ida. Ela lhe deu à luz um filho Enéas, a quem sempre se manteve como mãe fiel ao longo de sua vida. Ela o resgatou quando ele foi ferido em batalha, o levou com seu pai a salvo para fora de Tróia, quando a cidade foi destruída e quase todos os infelizes habitantes pereceram. Ela o ajudou em todas as dificuldades que ele teve que enfrentar em suas andanças, e através de seus esforços lhe foi dado para lançar as bases do império

19

romano, que um dia iria dominar o mundo. Seu afeto foi transferido para seus descendentes, que se deram o nome de Ascanius, filho de Enéas Julii, de modo que até o grande reformador do estado romano, Júlio César, pensou que poderia se regozijar com o favor especial de Afrodite.

Butes também, um dos Argonautas, que, atraído pelo canto das Sereias, saltou do Argo para o mar, pôde compartilhar do amor de Afrodite, por quem foi salvo e acarinhado. Ela lhe deu à luz um filho chamado Eryx.

A outros, se não apaixonados, foi permitido alegrar-se com o grande favor da deusa. Entre estes, o primeiro a ser mencionado é Paris, o filho do rei Príamo de Tróia. De fato, Afrodite estava em dívida para com ele. Pois quando, na festa de casamento de Peleus e Tétis, para a qual só ela de todos os deuses e deusas não foi convidada, a deusa da contenda, Eris, havia jogado uma maçã dourada com a inscrição "à mais bela", e Hera, Atena e Afrodite disputaram a posse um do outro, Paris foi nomeada árbitro por Zeus. Ele destinou a maçã a Afrodite, guiado para fazê-lo pela beleza irresistível da deusa e pela promessa que ela lhe fez de que lhe concederia o amor da mulher mais bela do mundo. Ela cumpriu esta promessa ao conquistar-lhe o coração de Helena, esposa do rei espartano Menelau. Sempre Afrodite continuou a proteger e favorecer Paris, até cair pela espada dos gregos pouco antes ou na queda de Tróia.

Hippomenes, o filho de Meleager, também desfrutou do afeto da deusa quando ele correu Atalante. Esta última vivia solitária nas florestas e desafiava qualquer um que cobiçasse sua mão para uma corrida. Ele então teve que iniciar a corrida desarmado em direção a um determinado objetivo. Ela o seguia com uma lança e o furava quando o alcançava e assim o dominava. Entretanto, Afrodite deu a Hippomenes três lindas maçãs douradas, que ele atirou aos pés de Atalante uma a uma durante a corrida. Surpreendido com a visão destas magníficas bugigangas, o Atalante, que corria atrás dele, abaixou-se para pegá-las uma a uma. Mas ela perdeu tanto tempo como resultado, que o amante sortudo alcançou o objetivo primeiro.

Em outra versão da história, narra-se que o coração de Atalante permaneceu frio, mesmo por amor a Meleager, mas que depois Meilainion, o filho de Amphidamas, cativado por sua beleza, a perseguiu incansavelmente, quando ela também fugiu dele, e sofreu e lutou por ela. Ele a serviu sem se cansar, até que afrodite enfim encantou seu coração e ela se casou com Meilainion.

No Chipre, o povo conheceu Cinyras, o primeiro sacerdote da deusa, a criadora das lamentações, que foram cantadas nos festivais (*Adonia*) comemorativos da morte de Adonis. Foi-lhe atribuída a instituição dos festivais noturnos celebrados em honra da deusa (*Pervigilia Veneris*). A deusa lhe concedeu beleza, riqueza, habilidade, felicidade, tudo o que ele reteve até a velhice e, após sua morte, suas cinzas e, mais tarde, as de seus descendentes foram permitidas para descansar em seu templo.

Além disso, Pigmalião foi recompensado por sua fiel adesão ao serviço da deusa, na medida em que ela deu fôlego e vida a uma estátua de marfim feita por ele, que levava o nome de Galatéia, pela qual ele estava inflamado de amor, para que ela pudesse se tornar sua companheira de vida.

Quando um certo Selemnos, que havia sido abandonado por sua amada, a ninfa Argyra da primavera, quando sua beleza diminuiu, foi consumida pela dor por causa disso, Afrodite, que teve pena dele, o transformou em um rio, que possuía esta propriedade que quem se banhava nela era doravante atormentado pela dor do amor.

Como deusa do amor, Afrodite engendra esta paixão na mente das pessoas. Especialmente no coração das mulheres, ela o acende como um fogo consumidor. Já vimos um exemplo disso em Helena, a quem ela incutiu um amor por Paris tão grande que ela foi tentada a deixar marido, filho e pátria.

Da mesma forma, ela conseguiu acender em Medeia uma paixão tão feroz por Iason, que esqueceu todo o senso de dever e amor por seus pais, para seguir o homem amado.

Foi também Afrodite que cegou os corações de Pasiphaë e Ariadne pela paixão e que fez Phaedra conceber um amor profano por seu enteado Hipólito, que havia se dedicado ao serviço de Artemis. Daí uma batalha entre as duas deusas, que terminou com a triste morte de seus protegidos.

Afrodite também tinha um destino semelhante em mente para Psyche, quando ordenou a seu filho Eros que pegasse uma de suas setas douradas mais afiadas, para furar o coração de Psyche com ela, de modo a despertar em seu peito um amor incurável para o mais malvado e menos malvado de todos os homens que viviam na terra. Mas quando Eros se feriu por sua flecha, ele mesmo foi dominado pelo amor a Psyche e decidiu manter o amor dela para si mesmo. Eventualmente, ele conseguiu reconciliar sua mãe e os amantes puderam ficar juntos.

Quando os Propoítides, as meninas de Amathus no Chipre negaram que Afrodite era uma deusa, para punir por isso, foram as primeiras a serem atormentadas com tal desejo de amor sensual que afundaram ao mais profundo nível de humilhação. Depois foram transformados em pedras pela deusa, por piedade.

Afrodite também criaria Klytia e Kameiro, filhas de Pandareos e Harmothea, após a morte de seus pais por causa de sua participação nas atrocidades de Tantalos.

Esse poder de Afrodite, que ela pode exercer através da paixão do amor, é um material inesgotável para os poetas gregos, pois esse poder é infinito. Ela se estende até mesmo para além do reino dos mortos. Aqueles que são infelizes pelo amor na terra ainda vagam incansavelmente em um lugar separado no submundo.

Afrodite também dá o prazer do amor. Saborear isso é até mesmo um dever para com ela. Quem a desdenhar ou desprezar é seu inimigo. Como Hippolytos rejeitou o amor oferecido a ele por Phaidra, ela causou sua morte. Como Narciso permaneceu insensível ao amor da bela ninfa Echo, ela incutiu nele um amor por si mesmo, que se tornou a causa de sua morte.

Este traço no ser da deusa deu origem a uma instituição que nos parece estranha. Anexas a muitos de seus templos estavam sacerdotisas, que observavam o serviço do templo, tocavam música e danças em suas festas, mas também se entregavam em algum momento a qualquer um que as desejasse (Hieródules). Entretanto, há muita ambigüidade sobre estas instituições e pesquisas recentes têm questionado esta chamada prostituição dos hieródulos no templo.

Nos tempos antigos, isto era visto como uma instituição reguladora, portanto, Solon prescreveu estas instituições em suas leis. Entre alguns, *Afrodite Pandemos*, que era adorada de tal forma, por causa desta instituição, não era mais tida em alta consideração, pois eles tinham uma visão diferente sobre a sexualidade.

Afrodite era também a deusa do amor sensual "puro". O amor, que é o criador da procriação da raça humana, sem o qual nenhum estado pode continuar a existir, foi um corolário do seu ser mesmo quando purificado pela instituição sagrada do matrimônio. A coisa mais bela que Afrodite pode dar a uma menina é um casamento feliz. Este é o auge da felicidade, que a mulher recebe de sua mão. A jovem mulher estava sob sua proteção e também estava próxima da mulher casada nas horas difíceis quando deu à luz seus filhos. Assim, ela era frequentemente invocada junto com Artemis e a deusa separada Eileithyia, que em tempos posteriores ajudou especialmente as mulheres a dar à luz, representava uma parte de seu ser, assim como o de Artemis.

Puro, fiel, amor conjugal, disciplina doméstica e honra, isso foi o que ela tomou sob sua asa. Mas tudo isso foi atribuído a *Afrodite Urania*, e daí o forte contraste, que, embora não na essência original da deusa, foi feito em tempos posteriores por alguns entre a *Urania* e os *Pandemos*.

No final do período clássico, a prosperidade de certos *poloneses* tornou mais esplêndido o serviço de Afrodite, para o qual também contribuíram as "hetaeren", senhoras companheiras que muitas vezes permaneceram na companhia dos homens mais proeminentes. Estes eram lindos, muitas vezes sagazes, espirituosos e educados. Hetaeren eram freqüentemente comparadas a Afrodite ou retratadas como Afrodite por escultores ou pintores.

Afroditas companheiros

Afrodite estava sempre rodeada por toda uma série de seres cuja principal tarefa era acrescentar à sua beleza e graça. Antes de mais nada, os Chifres e Charitas sempre estiveram em sua empresa. Já vimos que são eles que a vestem e adornam com o cinto, no qual habita a magia do amor, que dá à deusa seu poder sobre os deuses e os homens. Além disso, Peitho, a deusa da persuasão lisonjeadora, Eros, Pothos e Hymenaeus, ou seja, "o deus do amor", "desejo" e "desejo feroz" e finalmente o Hymen ou Hymenaios, o deus do casamento e a festa de casamento.

Atributos afroditas

Para Afrodite foi santificado tudo o que se distinguia pela extraordinária fertilidade: assim, no reino vegetal, a murta e a maçã (μῆλον / mēlon: ooft), entre os animais, o carneiro, o corço, o corço, a lebre, a pomba, o pardal e os golfinhos. O cisne também era tradicionalmente chamado de ave favorita da deusa, mas o espelho também deve ser mencionado, que a deusa teria usado quando Paris passou seu julgamento sobre o Ida, enquanto Hera e Athena não o fizeram.

Afrodite nas artes visuais

Quanto às estátuas de Afrodite, elas foram encontradas em grande número em toda a Grécia nos tempos antigos.

Entretanto, deve-se distinguir entre as representações simbólicas mais antigas da deusa e as estátuas, que deviam sua origem à arte grega desenvolvida mais tarde. Em Paphos, no Chipre, por exemplo, ela era adorada em forma de cone ou pirâmide colocada na parte mais sagrada do templo (*naos*). Entre as imagens de Afrodite propriamente ditas, uma grande distinção pôde ser observada entre a representação de *Afrodite Urania* e as imagens daquela Afrodite, que também permaneceu próxima à curta e transitória beleza terrena que ela havia conferido e acompanhado até o túmulo (*Afrodite Epitumbidia*), e a representação da deusa do amor sensual, da beleza, do encanto e do prazer. A primeira carrega como atributos uma pomba, uma maçã, uma flor ou um ovo e geralmente é coberta com roupas; a segunda, por outro lado, geralmente está parcial ou completamente nua, carrega uma cabra ou uma lebre e frequentemente carrega um espelho em sua mão. Entre as estátuas mais famosas da deusa da antiguidade estava a de seu templo em Cnidus, feita pelo escultor ateniense Praxiteles.

Este artista foi o criador do ideal que os artistas gregos tentaram alcançar em suas representações de Afrodite. Uma Afrodite decorada com roupas na ilha de Kos pelo mesmo artista também parece ter estado entre as obras de arte mais notáveis da antiguidade.

Outra imagem famosa de Afrodite, junto com Eros e Pan, também é atribuída a Praxiteles. A partir desta imagem, pode-se ver que a sandália tinha uma conotação erótica na cultura grega. Da mesma forma, foram encontradas sandálias de hetairen com a mensagem "siga-me".

Vários quadros famosos de mestres gregos também retrataram a deusa.

Entre estas, a *Afrodite Anadyomene* de Apelles era a mais famosa. Como uma deusa de espuma tão encantadora emergindo do dilúvio, ela foi retratada na pintura considerada a obra-prima do grande pintor grego Apelles. Ela estava completamente nua e retratava secando o cabelo com as mãos. Os habitantes da ilha de Kos penduraram este quadro no templo de Asklepios; o imperador Augusto o levou mais tarde para Roma e, como compensação, renunciou a parte dos impostos que os habitantes de Kos tinham que pagar. Ele o teve pendurado no templo de Divus Julius (o deificado Júlio César). Já na época do Imperador Nero, a pintura havia sido completamente apagada e teve que ser substituída por outra obra de arte.

24

Das estátuas sobreviventes de Afrodite, a mais bela e famosa é a chamada Vênus de Milo encontrada na ilha de Melos (hoje Milo) no ano de 1820. Como mostra a imagem, nesta estátua a parte superior do corpo está nua e os membros inferiores estão cobertos dos quadris para baixo com um fino manto. Como os braços estão perdidos, não se pode determinar com certeza que imagem o artista tinha em mente ao fazer esta estátua.

Depois destas, a primeira a ser mencionada é a chamada "Medici Venus", agora em Florença. Esta estátua foi encontrada em Roma. No pedestal, um artista ateniense chamado Kleomenes é nomeado como o fabricante. O tempo em que este artista viveu é totalmente incerto. Provavelmente a estátua não é mais antiga do que o tempo do Imperador Augusto.

Outra estátua famosa é a chamada "Vénus accroupie". A deusa é representada dobrando-se no banho. Esta estátua está entre as mais belas e belas representações que sobreviveram de Afrodite.

Uma das estátuas mais copiadas é provavelmente a "Afrodite de Fréjus" ou a chamada "Venus Genetrix". Aqui, a deusa é representada mais como uma deusa maternal. Ela está coberta com uma roupa de baixo que se fecha ao redor do corpo, deixando apenas o peito esquerdo exposto. Com um movimento gracioso do braço direito, ela está puxando para cima sua roupa superior de tecido mais grosseiro que cai para trás. O rosto é mais arredondado do que naquelas esculturas modeladas em Praxiteles; a expressão do escultor de moralidade casta e dignidade feminina causam uma impressão marcante.

Finalmente, deve-se mencionar uma estátua de Afrodite encontrada perto do teatro de Arles, antigo Arelate, a chamada Vênus de Arles, agora no museu do Louvre em Paris.

Como já mencionado, é possível reconhecer em Afrodite a origem oriental mais claramente do que em qualquer outra divindade grega. A deusa que, nas várias religiões orientais, era semelhante em essência e natureza à Afrodite grega, tinha nomes diferentes em regiões diferentes, dos quais mencionamos aqui Mylitta, Alilat e Astarte.

Pelos romanos, ela foi identificada com sua Vênus.

Trivialidades

Segundo uma única tradição, Helena, mãe de Constantino o Grande, encontrou a verdadeira cruz de Cristo escondida em uma cripta sob o templo de Afrodite em Jerusalém, no século IV.

Uma estátua de bronze de Afrodite foi encontrada no templo Tapsiris Magna em maio de 2008, juntamente com uma estátua decapitada de um rei da dinastia Ptolemaic que governou o Egito de 323 a 30 a.C. A descoberta foi feita perto de Alexandria por uma equipe colaboradora de arqueólogos do Egito e da República Dominicana, em busca do túmulo de Cleópatra.

Apollo

O deus da luz, da juventude, da beleza, da poesia e da música

Feito um dos principais deuses de Roma pelo imperador Augusto. Apolo foi considerado principalmente um deus da cura pelos romanos, que começaram a adorá-lo durante uma epidemia em cerca de 431 a.C. Mais tarde ele foi feito um dos deuses principais de Roma pelo imperador Augusto. O imperador o considerava como sua divindade padroeira e mandou construir um templo magnífico em sua homenagem.

Apollo (grego antigo: Ἀπόλλων, Apóllōn) era uma das divindades mais importantes da mitologia grega. De todos os deuses, sua adoração era a mais difundida entre o povo grego e gozava da mais alta estima. Sob o nome latinizado Apollo, ele ficou conhecido em Roma.

Pelos poetas gregos, ele é normalmente chamado de **Phoibos Apollo**.
Apollo também é considerado o representante da beleza racional e da
ordem, ao contrário de Dionysos, que simboliza a embriaguez emocional.

Etimologia

A etimologia do nome 'Apollo' é incerta. Entre os autores antigos, porém,
encontramos várias etimologias populares. Assim, Platão em seu *Cratylus*
relaciona o nome a ἀπόλυσις / apólysis, "liberação", a ἀπόλουσις /
apólousis, "a limpeza"; limpeza", com ἁπλοῦν / haploũn, "simples",
referindo-se em particular à forma salina de seu nome, Ἄπλουν / Áploun,
e finalmente com Ἀει-βάλλων / Aei-bállôn, "o sempre marcante". Plutarco,
em sua Moralia (*O E de Delfos*; 354 f), também menciona ἁπλοῦν /
haploũn, no sentido de "singular".

Origem

Enquanto no século XIX ainda se pensava que Apolo era o deus da luz,
que encontrou seu maior desenvolvimento no sol, hoje as pessoas
pensam de maneira diferente.

Embora tenha se tornado o mais grego dos deuses, Apolo parece ter
chegado à Grécia relativamente tarde. Ele possivelmente foi trazido à
Grécia no final da civilização micênica (c. 1200-1100 a.C.) pelos invasores
dorianos, embora também seja possível que ele tenha vindo da Ásia
Menor hitita. Acredita-se agora que suas origens se encontram na
Anatólia central (ver Hiperbórea). Uma pista é que o hino homérico a
Apolo reconta como o deus veio sobre Delos para Delphi. Seu epíteto
Hekatos (muito marcante) pode ser relacionado ao Hekate Cariano. Nas
placas cuneiformes hititas (o chamado tratado de Alaksandu entre os
hititas e Wilusa, que às vezes é identificado com Troy) aparece o nome
Appaliunas ou *Apalunas*, provavelmente intimamente relacionado ao
Apollo.

Ele parece ter sido originalmente um deus dos rebanhos (Apollo *Karneios*
e *Smintheus*), que era o patrono não só dos pastores (*Apollo Agreus* e
Nomios), mas também de seu inimigo, o lobo (*Apollo Lykeios*). Sua
proteção do arco e flecha (*Apollo Hekatos*), da medicina (*Apollo Paian*) e
da música (*Apollo Musagetes*) estava provavelmente relacionada com sua
função de deus pastor.

Nascimento

Apolo é o filho de Zeus e Leto e o irmão gêmeo de Artemis. Quando Leto estava grávida, ela foi perseguida por um longo tempo por Hera, a ciumenta esposa do senhor Zeus de Apolo. Ela não conseguiu encontrar refúgio para esperar tranquilamente o nascimento de seus filhos, exceto na ilha de Delos, onde nasceram Apolo e Artemis.

Apelidos e funções

Devido a seu extenso e amplo trabalho, muitos nomes e epícleses surgiram para a Apollo.

Apollo Karneios

Apollo *Karneios* (uma palavra grega antiga para *carneiro*) é considerado o deus dos rebanhos de ovelhas entre as tribos Dorian. Segundo a lenda, os Dorianos estavam prestes a cruzar para o Peloponeso, liderados pelos Heraclides de Naupaktos, quando Hippotes, um dos Heraclides, matou o vidente Karnos, que era um amante do Apolo. Depois disso, a peste havia passado pelo exército. A doença só desapareceu depois que Hippotes foi expulso e a raiva de Apollo foi expiada pela instituição de um banquete. Os espartanos celebraram este festival, chamado Karneia, em memória da ajuda que o deus lhes havia prestado ao conduzi-los ao Peloponeso.

Apollo Smintheus

Apollo tinha gado próprio, pastando em Pieria aos pés das Olimpíadas. Campos e frutas de campo também estavam sob a proteção da Apollo.

Apollo Agreus

Apollo também gostava muito de caçar, geralmente junto com sua irmã Artemis. A partir dos chifres de cabras selvagens, que Artemis tinha matado em Kynthos, ele construiu seu primeiro altar. Como caçador, Apollo foi apelidado de *Agreus*.

Apollo Nomios

Como pastor, Apollo foi apelidado de *Nomios*. Diz-se que ele serviu como pastor com Laomedon e com Admetos.

Apollo Lykios

Apolo, sob o apelido *Lykios,* também era adorado como um deus da luz e do sol, não apenas na Grécia, mas especialmente nas costas da Ásia Menor. A paisagem da Ásia Menor de Lícia provavelmente recebeu seu nome em homenagem a ele.

Apollo Hekatos

Como arqueiro, ele era normalmente chamado de *Hekatos, Hekatebolos* ou *Hekabolos* (aposentado) ou aquele famoso por seu arco, ou o deus com o arco de prata dado a ele por Hephaistos. As setas do Apollo nunca falharam sua marca. Os mais confiantes que foram assim punidos incluíam Niobe e seus filhos, o exército dos gregos antes de Tróia, os Cíclopes, Eurytos, Otus e Ephialtes e os Gigantes.

Apollo Pythios

Logo após seu nascimento, Apolo matou com suas flechas a mega serpente Python, que estava tornando o santuário Pytho perto do Monte Parnassus inseguro. Devido a esta vitória, Apollo foi apelidado de *Pythios,* "o Pythiano". Ele faria deste santuário o seu próprio santuário, que ficou conhecido como o Oráculo de Delfos. Ele foi adorado nos Jogos de Pitão com este nome.

Deus da profecia

O atributo mais importante do Apollo revelou-se em seu dom de profecia. Ao nascer, ele havia proferido as palavras "proclamarei a vontade não evolutiva de Zeus". Ele também fundou o famoso templo em Delfos e tomou posse do antigo oráculo de Gaia (a Terra) lá.

Apollo Archigetes

Como resultado dessas decisões do oráculo délfico, da fundação de cidades ou do envio de colônias, ele também era reverenciado como Apollo *Archigetes* (líder dos colonos).

Assim, diz-se que Apolo ajudou os colonos cretenses ou arcadianos a fundar a cidade de Tróia, o que explica sua posição pró-Troianos na *Ilíada.* Diz-se também que foi o próprio Apolo, que conduziu os Dorians em sua viagem pela Grécia até Kedaimon, Messene e outras cidades do Peloponeso; numerosas cidades, espalhadas pelo mundo, consideraram-

no como seu verdadeiro fundador e deram a si mesmos o nome de
Apollonia.

Deus da cidade

Nas próprias cidades, ele pavimentava as estradas e ruas. Daí seu
apelido *Aguieus*. Em frente a cada casa havia um bloco de pedra
quadrangular dedicado a ele, e onde a largura estreita da rua não permitia
tal colocação, eles o pintaram na parede. Um protetor dos mercados, ele
tinha o apelido de *Agoraios*. Com Laomedon ele construiu as paredes de
Tróia, com Alkathoös as de Megara.

Apollo Amyklaios

A adoração de Apollo *Amyklaios* tinha sua sede principalmente na cidade
lacônica de Amyklai. Já havia estado na moda entre os primeiros
habitantes de Laconia, depois passou para os Achaeans e depois para os
Dorians.

Este serviço estava ligado à morte de Jacintos, em cuja homenagem os
jacintos foram celebrados pelos espartanos em Amyklai no verão mais
quente, nos dias de cão. Hyakinthos, um filho de Amyklas, era um amante
de Apollo, mas foi morto acidentalmente por este último ao brincar com o
disco (jogando disco) (seja pelo destino ou pelo amante desdenhado
Zephyros). Sua tumba estava sob o altar e a estátua do deus. O primeiro
dia dos jacintos foi um festival de luto em memória da triste morte de
Jacintos, mas o segundo dia foi um alegre festival comemorativo de como
ele havia sido levado ao céu por Apolo e assim entrou numa nova e mais
gloriosa vida através da morte.

Apollo Delphinios

Apollo *Delphinios* é o guia sobre o mar. Assim como ele como *Agyieus* (cf.
supra) torna as ruas e estradas seguras, também ele como *Delphinios*
pavimenta os caminhos do mar na primavera, o início da estação da luz.
As nuvens escuras que ele quebra pelo poder de sua luz e envia golfinhos
como companheiros amigáveis aos mortais, que navegam pelo mar, para
proclamar sua prosperidade. Nas costas do mar, ele era altamente
reverenciado; muitos dos mais belos templos de Apolo estavam
localizados perto do mar.

Phoibos Apollo

Por volta de 410-400 AC, surgiu a idéia filosófica de Apolo como um deus do sol que era chamado de *Phoibos*. Ele também teria derivado este apelido de sua avó Phoibe e teria tido o significado de "profeta". Na época de Homero, no entanto, esta função estava reservada à divindade Helios que mais tarde se fundiria com a Apollo sob o nome Apollo *Helios*. No entanto, Apollo e Helios permaneceram divindades separadas nos textos mitológicos.

Relacionamento com deuses e humanos

De acordo com certas lendas, a Apollo manteve laços estreitos com os Hiperboreanos que vivem no extremo norte. Tais histórias podem ter vindo de viajantes que haviam visitado a área em questão. O mito diz que Apolo dividiu seu tempo entre os hiperboreanos, com os quais ele ficou no inverno, e os gregos, com os quais ele esteve no verão.

Relações amorosas e filhos

Apolo, como um jovem deus bonito, tinha muitos casos de amor tanto com ninfas quanto com mulheres mortais. Uma vez que ele havia concebido o amor por Daphne, a filha do deus do rio Peneus, que, no entanto, não sentia nada por ele. Ao fugir para escapar de seus avanços, ela pediu a seu pai que fizesse sua mudança de forma para se livrar dele. E assim aconteceu. A ninfa transformou-se em uma árvore de louro, que passou a ser dedicada à Apollo.

Ele foi pai do *heros* Ion, progenitor dos ionianos, com Creüsa, filha do rei do sótão Erechtheus, a quem ele havia seduzido. O *heros* Asklepios era seu filho de sua relação com o Thessalian Koronis. Ele também fundou a cidade de Cyrene depois de seqüestrar a ninfa atlética Cyrene, por quem estava apaixonado, para aquele lugar na Líbia onde esta cidade seria fundada. Com ela, ele teria um filho chamado Aristaios.

Além de suas aventuras com as mulheres, o deus também manteve relações com homens bonitos, os mais famosos dos quais são aqueles com Hyakinthos e Kyparissos. Quando morreram para a grande tristeza de Apolo, ele transformou a primeira em uma flor (semelhante ao nosso jacinto), a segunda em uma árvore, o cipreste.

Sua aventura menos bem-sucedida foi com a princesa de Tróia Cassandra, que primeiro concordou em dividir a cama com ele em troca do dom de predizer o futuro, mas uma vez que Apolo havia concedido seu desejo, ela se recusou a cumprir sua promessa. Como Apolo não podia desfazer um presente concedido, ele acrescentou ao presente dela, como punição, a restrição de que ninguém acreditaria em suas previsões.

Nas artes visuais

Apolo é geralmente representado como um deus jovem, alto, forte e bonito, com o olhar majestoso e arrumado e a cabeça coberta por fechaduras ricamente onduladas e louras. A arte mais antiga lhe deu a aparência de um homem de idade madura, com características físicas poderosas e austeras, mas sem sustento; mais tarde a arte grega geralmente o retratava como um homem jovem.

A estátua mais famosa da Apollo, preservada até nossos tempos, é a *Apollo de Belvedere*, escavada em 1503 perto de Antium na costa da Itália central, hoje Nettuno. É incerto se o artista pretendia representar o deus com um arco na mão esquerda, ou com os aigis e em seu centro a cabeça da Medusa.

Atributos

Das árvores, como vimos o louro foi santificado para ele acima de tudo; dos animais: o lobo, a corça, o cisne, o golfinho, o corvo, o corvo, o corvo e a cobra (remédio). Seus atributos comuns são arco e flechas, uma coroa de louros, a cítara e a lira.

Seus principais templos foram os já mencionados em Delphi, em Delos, mais adiante em Amyclae e em Clarus, perto de Colophon.

Ares

Ares foi associado com o deus romano Marte.

Ares (grego antigo: Ἄρης, *Arês*; genitivus Ἄρεως, *Areôs*) é uma figura da mitologia grega. Ele é o deus da guerra e personificação do espírito guerreiro. O nome romano para Ares é Marte.

Origem

O deus Ares é o filho de Zeus e Hera (Homero, *Ilíada* V 890; Hesiodos, *Theogonia* 921f.). Segundo Homero, ele é o instigador fatídico da batalha sangrenta, um guerreiro assassino, que encontra o maior prazer em empunhar armas e provocar a carnificina, mergulha de alegria nas fileiras inimigas e aplaude a queda dos derrotados, os gritos de morte dos moribundos e a visão do campo de batalha coberto de cadáveres.

No entanto, Ares também encarna as virtudes da guerra. Homero descreve Meriones, por exemplo, com as palavras "corajoso como Ares", "tão corajoso como Ares" (*Ilíada* XIII 295-330, tradução de M.A. Schwartz)

34

e "como Ares tão rápido" (*Ilíada* XIII 529). Nestor também se refere aos soldados gregos em um discurso como "servos de Ares" *(Ilíada* VI 50-85). Os epítetos que Homero usa para descrever Ares também indicam sua capacidade marcial. O mais comum é o "assassino de homens", mas além disso, também são usados "manchados de sangue" e "tempestade de parede" (*Ilíada* V 450-460).

Também se diz que as guerras não são iniciadas por Ares, mas que Ares vem quando elas já estão em andamento. Embora ele ame os massacres, ele respeita as regras.

Seu lugar de nascimento e seu verdadeiro lar foi considerado como estando no limite do mundo grego, entre os trácios bárbaros e guerreiros (*Ilíada* XIII 301; Ovid). Ele se retirou para a Trácia depois de ter sido pego na cama com Afrodite. Os dois amantes foram apanhados na cama em que fizeram amor por uma armadilha astuta: a cama que Hephaistos e sua esposa Afrodite geralmente dividiam. A cama foi encostada ao teto com uma rede de correntes de ferro, feitas por Hephaistos, prendendo-as entrelaçadas. Desta forma, Hephaistos conseguiu tornar conhecido o adultério (*Odyssey* VIII 303-304.). A vergonha fez com que Afrodite e Ares fugissem das Olimpíadas. Ares para a Trácia, e Afrodite para Paphos (*Odyssey* VIII 348-355.).

Embora a meia-irmã de Ares Athena seja também um deus da guerra, Athena é a deusa da guerra estratégica enquanto Ares é mais o deus da imprevisível violência da guerra com todos os seus possíveis resultados.

Culto de Ares e epilepsia

Em Tegea, Ares era adorado sob as "Gynaikothoinas" epiléticas, ou seja, celebradas pelas mulheres. Este nome ele deveu-se ao fato de que Marpessa, quando sua cidade era muito encurralada pelos Lakedaimonians, tinha armado todas as mulheres e meninas, que conseguiam carregar armas para vir em auxílio dos homens, obteve uma brilhante vitória, para a qual as mulheres instituíram uma festa em honra de Ares, que seria celebrada apenas pelas mulheres (Paus., VIII 48.4.).

Além disso, ele também era adorado sob o nome de *Ares "Aphneios"*, ou seja, o abundante, no Monte Kresios, perto de Tegea, porque lá ele permitiu que seu filho Aeropos, cuja mãe Aerope havia morrido ao nascer, ainda bebesse leite em abundância do peito de sua já falecida mãe (Papa, VIII 44.7.). Ele também tinha um altar adicional em Arcádia, na

Megalópole (Papa, VIII 32.3.) e no santuário de Despoine, perto de Akakesion (Papa, VIII 37.12.).

Sob o nome de *Ares "Hippios"*, d. i. de cavalos, ele era adorado junto com *Athena Hippias* em Olympia, onde os Elijans ofereciam sacrifícios uma vez por mês em todos os altares ali presentes (Papa, V 15.6.).

Ao longo do caminho de Therapne a Esparta, ele tinha um santuário sob o nome de *Ares "Theritas"* (Θηρίτας), do qual Pausanias (III 19.7.) diz que se acreditava que este epíteto derivava do nome de sua enfermeira Thero - para a qual Pausanias vê uma origem kolkidiana - mas ele mesmo acreditava que significava "brutal". Sam Wide sugere a tese de que o nome pode muito bem ser de origem boótica. Entretanto, também é possível que seja um culto pré-dórico, já que este santuário mais antigo de Ares estava localizado em Laconia, na cidade mais antiga do continente grego, Therapne.

Em Atenas, a colina *Areios Pagos (Areopagus)* com seu nome e a corte ali estabelecida eram sagrados para ele. No entanto, ele mesmo havia sido o primeiro a ser chamado a prestar contas nesta colina pelos deuses imortais, já que também ele tinha que se submeter à ordem e à lei estabelecidas. Halirrhothios, o filho de Poseidon, Alkippe desonrado, a filha de Ares, que o atacou e o matou. Quando Poseidon levou o assassino à corte dos deuses, eles o absolveram de toda culpa.

De modo geral, as pessoas na Grécia prestaram menos homenagem a Ares do que a outros deuses, embora ele tivesse templos, altares e estátuas aqui e ali. Somente em Tebas e na Trácia, habitada por tribos ferozes, ele não foi empurrado para segundo plano. Este último país era seu favorito, porque os deuses de seus rios, os Hebros, Tmolos e Strimon, se aplicavam a seus filhos, e os sacrifícios humanos sangrentos, que lhe eram oferecidos ali, pareciam corresponder perfeitamente ao caráter sanguinário do deus da guerra, pelo menos nos tempos mais difíceis. Em Scythia, onde ele era adorado sob o símbolo de uma espada, as pessoas sacrificavam cavalos e homens a ele, a cada centésimo homem dos prisioneiros.

Ares em relação a outros deuses e mortais

Sua ferocidade o fez odiado até mesmo pelos deuses imortais, por seu pai Zeus e especialmente por Atena. Mais de uma vez este último o feriu na batalha diante de Tróia, onde ela ajudou os gregos, ele os troianos. Ela também apontou a lança de Diomedes, que conseguiu ferir o deus com ela. Então ele gritou tão alto quanto 9000 ou 10.000 homens juntos gritariam.

Ele é conquistado por Atena todas as vezes, porque luta por uma luxúria selvagem para lutar, mas sem política, ordem ou regularidade, enquanto Atena não nega a grande dádiva de sua mente, mesmo em batalha. Ele não se importa com o que é certo ou errado, nem com a salvação dos vencidos, nem com os desastres dos vencidos.

Repetidamente Homero o pinta indo para a batalha desta maneira, às vezes derrubando os anfitriões antes dele, outras vezes conquistando a si mesmo e, como já vimos, deixando a batalha ferida. Depois de Diomedes ter atingido o deus, ele foi para o Olimpo envolto em uma névoa, se curou por Paieon e reclamou com Zeus sobre Athena, que lhe causou tal difamação, mas Zeus não ouviu sua reclamação. A própria Athena também o jogou uma vez na terra com uma pedra pesada, de modo que ele caiu no chão sob o choque de braços e cobriu sete manhãs de terra com seu grande corpo, e quando Afrodite quis levá-lo para longe da batalha, Athena a golpeou no peito com sua mão poderosa, de modo que ela também caiu na terra. Com Heracles, ele esteve duas vezes envolvido em combate corpo a corpo. A primeira vez que Ares atacou o herói depois de ter matado seu filho Kyknos. Ele correu para Heracles com sua lança, mas Athena a recusou e o herói conseguiu então alcançar o deus com sua espada. Na segunda vez, Zeus separou seus dois filhos guerreiros com seus relâmpagos.

Os filhos de Aloeus, os Aloides Othos e Ephialtes, dominaram o deus feroz, o cativaram e o mantiveram preso em um recipiente de cobre por treze meses, até que Hermes conseguiu libertá-lo por truques.
 Embora Ares fosse o mais selvagem e indomável de todos os deuses olímpicos, e a causa da morte, peste e todo tipo de infortúnio, também foi dito dele que desfrutava do amor mais terno da charmosa Afrodite.

É bem conhecido da Odisséia o mito de que ambos já foram emboscados pelo aleijado Hephaistos, o consorte legal de Afrodite, astutamente apanhados em uma rede artística e abandonados ao escárnio de todos os deuses.

Os filhos de Ares

A criança mais famosa desta união clandestina foi a Harmonia, a divina Unção, casada posteriormente com Kadmos. Como este possuía a beleza da mãe, assim os filhos Deimos e Phobos, que, diz-se, haviam surgido da mesma união, tinham a disposição de seu pai. Diz-se também que Eros e Anteros nasceram deste par de pais. Ares não possuía esposa legítima, mas gerou uma multidão de filhos de mulheres mortais e ninfas, entre eles excelentes heróis. O dragão morto por Gadmos também nasceu da união de Ares com a ninfa de origem boeotiana Tilphossa. Ele foi pai de seu filho Kyknos com Pelopia ou Pireneus. Com Enyo, ele foi pai de Enyalios. Os gêmeos Lykastos e Parrhasios, que ele tinha com Filônomo, seriam os primeiros governantes de Arkadia. Chryse deu a ele seu filho Phlegyas. Com Triteia ele teve um filho Melanippos (Papa, VII 22.8.).

Os companheiros de Ares

Quando ele veste sua magnífica armadura, seus dois filhos Deimos e Phobos (Medo e Terror) lhe trazem sua carruagem dourada. Eles sempre acompanham seu pai, enquanto o discordante Eris, a quem Homero chama de irmã e amigo do homem-assassassino Ares (βροτολοιγός / brotoloigós), acelera à frente da carruagem do deus assassino. Enyo, o destruidor da cidade, após o qual ele mesmo é chamado de "Enyalios" ('Ενυάλιος), também está bestialmente ao seu lado. Kydoimos também, uma personificação do burburinho de batalha, sempre figurava em sua comitiva.

Atributos de Ares

Ares tinha uma *quadriga* desenhada por quatro garanhões imortais que respiravam fogo, encimados por escalpes dourados (*Ilíada* V 352.). Entre os deuses, Ares se distinguiu por sua corajosa armadura. Ele também balançou sua lança em batalha. Suas aves sagradas eram a coruja do celeiro, os pica-paus e principalmente o abutre. Também dedicados a Ares foram o lobo, o cavalo, o javali e o galo (ver Alectryo).

Segundo a *Argonautica* (II 382 ff e 1031ff; Hyginus, *Fabulae* 30), as "aves de Ares" (*Ornithes Areioi)* eram um bando de aves que guardavam o santuário do deus com as Amazonas em uma ilha costeira no Mar Negro. Em Esparta, o sacrifício noturno noturno de um cachorro para Enyalios foi adaptado ao culto de Ares.

Na arte grega clássica, seus atributos habituais eram um capacete com escudo e uma lança.

Ares nas artes

Que os artistas tentaram dar a este deus uma bela forma e assim dar uma expressão adequada às idéias do povo grego, já pode ser visto pelo fato de que ele foi imaginado como o deus mais amado por Afrodite. A maioria das estátuas restantes dele o mostram com características mais suaves do que se esperaria do bárbaro e rude deus da guerra, porque interpretam precisamente esta característica mais poética do mito de Ares, que ele, o mais selvagem, o mais indomável de todos os deuses, teve que se curvar diante do poder mágico da deusa do amor.

Seu cabelo é geralmente frisado e curto, seus olhos pequenos, suas narinas bem abertas - um sinal de paixão - e seu pescoço e todo o corpo musculoso. Ele é normalmente retratado sem ursos; apenas os escultores mais antigos o retrataram com uma barba. Todo seu físico e postura indicam força.

Entre os poetas da tragédia, Ares também aparece como o deus de toda calamidade, das doenças infecciosas e dos malfeitores. Escritores posteriores o fazem tomar parte na batalha dos Giants. Depois de matar primeiro alguns deles, ele eventualmente teve que tomar a forma de um peixe para ficar escondido do grande Typhoeus, que o perseguia.

Alguns traços do grego Ares são encontrados na essência do deus da guerra romana Marte.

Artemis

A deusa da caça e da vegetação e dos animais selvagens

Os antigos romanos a identificaram com sua deusa Diana.

Artemis (grego antigo: Ἄρτεμις) é uma deusa da mitologia grega. Ela estava então entre os 12 deuses do Panteão grego, onde é uma filha do deus principal Zeus e Leto e irmã gêmea de Apolo. Artemis foi equiparada pelos romanos à sua deusa Diana.

Nascimento

Quando Hera, a esposa de Zeus, descobriu que Leto estava grávida de seu marido, Hera baniu Leto para a ilha flutuante de Delos. A ilha estava cercada por cisnes. Artemis nasceu primeiro e depois ajudou sua mãe a dar à luz Apollo.

A vingança de Hera foi doce. Ela fez Leto sofrer durante nove dias e nove noites no nascimento de Apollo. Há várias versões desta história. Por exemplo, de acordo com o *hino homérico a Apolo* (3), Leto passou por todos os tipos de regiões e ilhas, que, no entanto, não se atreveu a recebê-la. Finalmente, ela chegou a Delos, para a qual ela profetizou que um templo de Apolo traria riqueza para a ilha. Com isso, Delos permitiu que Leto desse à luz a seus filhos lá.

Deusa caçadora

Artemis é a deusa da caça, das mulheres e também deusa da lua. Sua função mais antiga era a de governante da caça, um tipo de deus que era especialmente difundido nas áreas do Oriente Médio, mas já Homero a descreve como a deusa da caça. Ela é representada com um arco e flecha de prata (feita por Hephaistos), com uma corça ao seu lado, e também muitas vezes com a lua. Às vezes a lua é representada em sua testa com dois pequenos pontos (os pontos da recém-lua nova, que também parece um arco). Acompanhada por suas ninfas, ela atravessou as montanhas e florestas de Arcádia e Lacedaemonia; dos animais, a corça e o urso eram especialmente queridos por ela. Outros atributos associados a Artemis são o ganso, os cães selvagens e, especialmente em Delos, a oliveira. O apelido de Artemis é Dhelia, cujo nome vem da ilha de Delos.

Artemis é também a deusa para a mulher grávida, embora ela mesma tenha permanecido sempre virgem. Ela permaneceu virgem de sua livre vontade, para a qual, além disso, seu pai Zeus deu permissão. Suas sacerdotisas são, portanto, mulheres não casadas. A Artemis era especialmente adorada na Arcádia florestal. Como virgem, ela também era a deusa padroeira da castidade.

Guerra de Tróia

Artemis estava no início da Guerra de Tróia porque ela se certificou de que não houvesse vento quando Agamémnon quis partir para Tróia. Isto porque seus homens tinham matado uma corça dedicada a Artemis. Artemis forçou Agamémnon a sacrificar sua filha Iphigenia para obter um vento favorável. Odisseu teve a idéia de enviar uma carta a Clytaimnestra e seus filhos dizendo que a Ifigênia teria permissão para casar com Aquiles. A família veio imediatamente e teve que ouvir a notícia de que alguém tinha que ser sacrificado. Isto naturalmente despertou a raiva de sua esposa Klytaimnestra. Este fato foi novamente no início das lendas em torno de Orestes. No último momento, porém, Artemis salvou a menina e um cervo foi sacrificado em seu lugar. Iphigenia foi levada por Artemis para um lugar distante de sua família (que agora também pensava que sua filha estava morta), ela se tornou sacerdotisa de Artemis. Após a Guerra de Tróia, Clytaimnestra matou Agamémnon em seu banho porque ela nunca o havia perdoado.

Atributos

Artemis se parece com seu irmão gêmeo mais novo; Apollo, em muitos aspectos. Ambos tinham um arco e flecha com flechas que nunca falharam. Ela também é freqüentemente retratada com um veado/ veado.

Niobe

Além de ser uma caçadora, Artemis era em muitos aspectos a imagem cuspida de seu irmão Apolo: ela também agiu punitivamente contra os infratores da lei e os matou com suas flechas. Famosa é a história de como ela e seu irmão gêmeo Apolo mataram os filhos de Niobe, porque este último se gabava de ter mais filhos do que a mãe de Artemis, Leto. Apolo matou Niobe, seus sete filhos, e Artemis, suas sete filhas

Aktaion

O caçador Aktaion tinha cinqüenta cães de caça. Um dia, ele foi caçar com seus cães. Quando ele estava com sede, foi beber de um riacho, mas ao fazê-lo acidentalmente viu Artemis que estava tomando banho ali nua, rodeada por suas ninfas. Artemis viu que Aktaion a estava espionando e o transformou em um veado. O veado Aktaion fugiu, mas não conseguiu escapar de seus próprios cães de caça e teve uma morte horrível.

Orion

A caçadora Orion atirou neles com sua flecha. A história mais comum conta que Artemis e Orion se amavam. Seu invejoso irmão gêmeo Apollo não conseguia suportar que sua irmã virgem tivesse um amante e a enganou, então ela matou Orion pensando que ele era algum tipo de animal de caça. Mais tarde, ela deu a Orion um lugar entre as estrelas e deu a ele seu cão de caça favorito, Sirius.

De acordo com outra história, Artemis matou Orion quando ele tentou estuprá-la. Ela matou muitas outras que tentaram estuprá-la ou outras mulheres.

Segundo mais uma história, Artemis enviou-lhe um escorpião venenoso depois que Orion se vangloriou de que ele destruiria todos os animais da Terra.

A *Bibliotheca* de pseudo-Apollodorus de Atenas diz sobre o caso com Orion:

Artemis matou Orion em Delos. Dizem que ele nasceu da terra e tinha um corpo enorme; mas Pherecydes o chama de filho de Poseidon e Euryale. Poseidon lhe deu a capacidade de caminhar sobre o mar. Primeiro ele se casou com Side, que foi lançado no reino de Hades por Hera após uma disputa sobre a beleza. Mais tarde, quando chegou a Chios, ele cortejou Merope, a filha de Enópio. Mas Oenopion o embebedou e o cegou durante o sono, depois do que ele o jogou na praia. Entretanto, ele foi ao ferreiro de Hefesto, sequestrou um menino lá, colocou-o sobre seus ombros e ordenou que ele indicasse como caminhar até o nascer do sol. Ao chegar lá, o efeito curativo dos raios solares devolveu a luz aos olhos e ele voltou à velocidade da luz para se vingar do Enópio. Mas Poseidon tinha mandado fazer uma casa para ele debaixo da terra por Hefesto. Eos se apaixonou por Orion e o raptou para Delos; de fato, Afrodite se certificou de que ela o cobiçava constantemente porque Eos havia compartilhado a cama com Ares. Orion, segundo alguns, foi morto quando desafiou Artemis para um concurso de lançamento de discos, mas outros dizem que ele foi baleado com flechas por Artemis quando ele queria estuprar Opis, uma das garotas da terra dos Hyperboraeans que se juntaram a ela.

Athena

A deusa da guerra, da sabedoria e do artesanato

Os romanos identificaram sua deusa Minerva com
Athena.

Pallas Athena (também **Atena** ou **Atena**) (Sótão: Παλλὰς Ἀθηνᾶ, *Pallás Athêna*, Ἀθήνη, Athénē) é uma das principais deusas do panteão grego. Ela tinha várias funções: ela era a deusa da guerra controlada e da paz. Ela era também deusa da sabedoria (filosofia), da civilização, da comunidade política da cidade e protetora de várias cidades gregas, especialmente Atenas. Ela era também deusa padroeira dos artesãos (artesanato, como a tecelagem) e artistas.

Na mitologia, ela é conhecida como Athena *Parthenos* (a Virgem) e o Parthenon foi dedicado a ela.

Etimologia e origem

O nome de Athena é possivelmente de origem lydian. É possivelmente uma palavra composta, derivada em parte do tirreno "ati", que significa "mãe", e o nome da deusa hurriana "Hannahanna", que muitas vezes foi

44

abreviado para "Ana". Em Micenas, possivelmente aparece em uma única inscrição nas pastilhas Linear B: *A-ta-na-na-po-ti-nin-ja /Athana potniya/* aparece em um texto da "Câmara das Tabuletas da Carruagem" do Minoan II, em Knossos, que é o arquivo Linear B mais antigo. Embora isto seja freqüentemente traduzido como "Senhora Atena", significa literalmente "*potnia* de At(h)ana", possivelmente significando "senhora de At(h)ana"; mas não está claro se existe alguma conexão com a cidade de Atenas. Também encontramos *A-ta-no-dju-wa-ja /Athana diwya/*, cuja última parte é a grafia Linear B do que conhecemos do grego antigo como *Diwia* (Mycenaean *di-u-ja* ou *di-wi-ja*), a chamada Athena "divina", que também era tecelã e deusa do ofício (ver *dyeus*).

Em seu diálogo *Cratylus*, Platão dá a etimologia do nome Atena com base na visão dos antigos Atenienses, de *A-theo-noa* (Α-θεο-νόα) ou *E-theo-noa* (Η-θεο-νόα) que significa "o espírito de Deus" (*Cratylus* 407b). Platão, assim como Heródoto, notou que os habitantes egípcios de Saïs no Egito adoravam uma deusa cujo nome egípcio era Neith; eles a identificaram com Atena (*Timeu* 21), (*Histórias* II 170-175).

Neith (literalmente 'tecelão', que significa 'eu vim de dentro de mim') era uma deusa da guerra e proteção e mãe do deus crocodilo Sobek. Neith também foi chamada de Anatha e Ath-enna. Neith era o espírito por trás do véu, que nenhum mortal podia ver diretamente.

A deusa estava intimamente associada à Ática e Atenas e gozava da maior veneração ali, mas isso não excluía que seu culto estivesse espalhado por toda a Grécia. Quase todas as paisagens lhe deram um papel importante em suas lendas, Argos nas de Perseu e Diomedes, Corinto nas de Bellerophon. Especialmente a paisagem boeociana se distinguiu pela grande veneração da deusa (havia também uma cidade chamada Atenas). No Lago Kopaïs, especialmente na cidade de Alalkomenai, seu culto foi muito respeitado desde os tempos mais antigos. Muitos de seus templos mais famosos também foram encontrados nas costas da Ásia Menor, na terra de Tróia e em Lydia. Em resumo, onde quer que os gregos tivessem se estabelecido, seja na Ásia ou na Líbia, na Itália ou na Sicília, Athena era adorada como uma deusa digna, marcial e beneficente.

Pallas Athena

Quanto ao seu nome, parece ter que se distinguir entre Athena e Pallas Athena, como ela é muito freqüentemente chamada entre os poetas Hesiodos e Homeros.

O nome *Pallas* parece ter sido acrescentado originalmente como adjetivo pragativo diante de Atena, designando-a como a deusa que empunha a lança, uma representação simbólica de seu poder sobre o relâmpago. Seu *epiklese* Pallas (Παλλάς / *Pallás*) provavelmente vem do verbo grego pallein (παλλειν / *Pallein*; "para balançar a lança") e assim significa algo como "ela que balança a lança".

O nome também pode ser relacionado a Pallas, um amigo de Athena ou do gigante Pallas, que foi derrotado por Athena durante o Gigantomachy.

Mitos de origem

Os mitos relativos às origens de Atena também a denotam como uma deusa, possuindo um tremendo poder sobre todos os fenômenos dos céus, mas também como uma adorável deusa, espalhando bênçãos por toda parte, tornando os campos férteis, multiplicando e educando o sexo dos homens, e tudo isso sem abrir mão de nada de sua pureza totalmente única.

Athena Tritogeneia

Com relação às origens da deusa, vários mitos estavam circulando. Um antigo apelido de Atena era *Tritogeneia*. Este nome a designa como uma deusa nascida da água, e isto é bastante natural, pois, segundo Homero, todas as coisas e todos os deuses devem sua origem à água. O corpo de água, chamado Tritão, e representado em um mito como um lago, e em outro como um rio. Às vezes o lugar era imaginado na Boécia, às vezes na Tessália, sim, a maioria das pessoas até imaginava que fosse na África, na Líbia, onde se diz que Athena ressuscitou do mar. Esta idéia se baseou no fato de que a partir e através da água borbulhando das profundezas, o ar, o céu e todos os fenômenos maravilhosos que ocorrem no céu foram criados, e como resultado, Athena foi mais freqüentemente ou pelo menos muito freqüentemente adorada nas margens de lagos ou rios. Este foi especialmente o caso na Boécia, por exemplo, na já mencionada cidade de Alalkomenai. Em Arcádia e Lydia, completamente isolada do resto da Grécia pelas montanhas, esta Athena *Tritogeneia*, a deusa que brotou das águas, também foi considerada a mais alta estima.

Athena Obrimopatrê

Um mito totalmente diferente a respeito de seu nascimento empurrou este primeiro completamente para segundo plano. Já a *Ilíada* de Homero conhece Atena como a filha mais querida de Zeus. Ela é uma de suas crianças que desfruta de sua maior confiança; todas as dificuldades que Zeus tem que superar são superadas por suas ações. Zeus fala com ela como com ele mesmo. Os dois são um só. Ela é, portanto, chamada *Obrimopatrê*, "a filha de um pai forte". Esta relação íntima entre Athena e Zeus é simbolicamente expressa pela história mais famosa que circula entre os gregos a respeito de seu nascimento, ou seja, que ela supostamente nasceu de seu pai.

Zeus, segundo esta saga, tinha devorado sua primeira consorte, a deusa e Titã Metis (esta é "a sagaz"), a filha de Okeanos e Tethys, porque ele temia que ela o suportasse, depois de uma filha, um filho, que lhe roubaria novamente o domínio mundial, que ele tinha adquirido com tanto esforço. Como resultado deste ato, após algum tempo ele deu à luz Athena ou Pallas Athena, que emergiu de sua cabeça totalmente crescida e armada. Quando chegou o momento de ela ver a luz do dia, Hephaistos teve que abrir a cabeça de Zeus para aliviá-lo de uma dor de cabeça insuportável, e agora ela emergiu dela com sua lança erguida, cantando uma canção de guerra. Uma tremenda agitação na natureza, um violento terremoto e um rugido igualmente violento do mar acompanharam o nascimento de *Pallas* Athena, que também seria a grande deusa da guerra. Ela era adorada como uma deusa da guerra já na época minóica (3° milênio a.C. - 1200 a.C.).

Desde que Athena emergiu em plena armadura da cabeça de Zeus, ela está assim naturalmente destinada a ser a deusa da guerra; mas ela não é igual ao feroz Ares. Ela protege o Estado, que está envolvido na guerra, quando essa guerra deve servir para repelir legitimamente o ataque de estranhos, ou também, quando ela é empreendida em nome de interesses superiores e uma liderança hábil e judiciosa da guerra pode trazer benefícios para o Estado. Athena, em contraste com Ares, "representa a batalha conduzida com maestria, razão e visão estratégica".

Se ela depõe seus braços, então há paz na terra. O mito indica isso ao dizer que, assim que ela, tendo saído da cabeça de seu pai, dobrou a lança erguida em direção à terra, o céu se desobstruiu. Na ilha de Rodes, as pessoas sabiam falar de uma chuva dourada, que Zeus havia derramado na ilha ao nascer, o que é, naturalmente, uma expressão simbólica para a descida da luz pura do *éter* sobre a terra.

Athena glaukios

Athena *glaukios* é um apelido frequentemente dado a Athena pelos poetas. *Glaukopis*, esta é "a deusa com olhos brilhantes" e a coruja, que compartilha esta característica com ela, e é sempre representada como sua fiel companheira, também se refere à deusa luminosa do *éter* puro e claro.

Athena Promachos

Se agora prestamos atenção ao significado de Atena como deusa ética, se examinarmos suas relações com a vida e obra da humanidade, devemos primeiro considerá-la como uma deusa da guerra. São principalmente os hinos e sagas mais antigos que destacam este traço de seu ser. Ela era adorada na Acrópole de Atenas com uma enorme estátua como Atena Promachos, ou seja, como a deusa que protegeria e defenderia a cidade mesmo em batalha. Na Boécia, na Macedônia, ela era especialmente a deusa da guerra, a quem as pessoas prestavam homenagem. Ela é, portanto, freqüentemente mencionada ao lado de Ares. Os maiores heróis da antiguidade estavam sob sua constante proteção. Perseus e Bellerophon, os Aetolianos Tydeus, Iason descendentes da tribo dos Ministradores e dos *heróis* nacionais de toda a Grécia, Heracles, todos desfrutaram de seu apoio e proteção. Na Guerra de Tróia, ela permaneceu fiel a Achilleus, Diomedes e Odisseu.

Às vezes ela trepa a carruagem com os heróis, derrubando com sua lança tudo o que está em seu caminho, até mesmo fazendo aqueles deuses cederem a sua força que são inferiores a ela. Sua coragem permanece sempre com ela, mas não menos sua presença de espírito; mesmo no perigo mais extremo, ela permanece calma e destemida. Embora a deusa participe de uma batalha tão fanática quanto Ares, Athena está mais preocupada com estratégias do que com o derramamento de sangue bruto. E quando a batalha termina e o perigo já passou, ela refresca, fortalece e recompensa os heróis, que ela ama e que se comportaram dignamente para com ela.

Deusa da arte

Atena também gozou de grande honra como deusa das obras e artes da paz, fazendo felizes aqueles que a honraram e especialmente seu país preferido. Ela fez isso, antes de tudo, cuidando do bem-estar físico dos habitantes. Especialmente na saga de Erichthonios, é feita referência à dupla bênção que ela concedeu a Ática através do florescimento dos frutos e do glorioso crescimento da efebia. Ela é, portanto, a protetora da efebia. Sim, mais do que isso. Uma visita de sua sacerdotisa foi considerada para promover o casamento. Crianças nascidas pequenas eram cobras suspensas feitas de ouro em memória da história milagrosa de Erichthonios. Ela as havia levado de Gaia (a Terra), sua mãe, para cuidar e cuidar dele. Da mesma forma, ela continua a cuidar das crianças. Em Delos, as pessoas sabiam como ela havia ajudado Leto quando este último deu à luz Apolo e Artemis.

Athena era também deusa do artesanato, como a tecelagem. O mito de Arachne está relacionado a isto.

Athena Hygieia

Mas como deusa do céu limpo e do ar limpo e saudável, ela também era adorada como Athena *Hygieia*, a deusa que dá saúde. As doenças foram eliminadas por ela. Ela garantiu a preservação e a propagação da raça humana. Na época de Perikles, diz-se que uma estátua foi dedicada a ela para a recuperação de um escultor que havia caído de um andaime enquanto trabalhava no Parthenon.

Athena Polias

E enquanto assim o lar, a família, estava sob seus cuidados, ela naturalmente também se tornou a deusa que protege e guarda a maior união dos homens, o estado, no qual o lar se baseia. Ela foi chamada *Polias* nesta função, não apenas em Atenas, onde o antigo templo de Atena era dedicado a ela, mas também em vários outros lugares na Grécia. Com ela, os membros do *Boulè* de Atenas fizeram seus juramentos sobre o altar a ela dedicado, também chamado de Altar da Grande Atena. A referência mais antiga ao altar diz respeito ao ano 632 a.C.

O Pártenon era seu santuário principal, de *Parthenos* (virgem).

Como um bom espírito, ela estava presente na *ekklèsia*. A antiga corte dos Areópagos havia sido fundada por ela, e por essa fundação ela havia conseguido reconciliar os Erinyes, que antes haviam sido deusas da vingança, e fez deles Eumenides, deidades benevolentes que desejavam espalhar bênçãos e prosperidade sobre a terra. Os *Areiopagos absolveram* Orestes do assassinato de sua mãe Clytaimnestra.

Mesmo onde as tribos gregas estavam mais unidas por uma aliança, foi Athena quem esteve à frente de tal aliança, apoiando-a e protegendo-a em todos os lugares com conselhos e ações.

Além disso, as pessoas atribuíram a Atena a introdução de alguns ramos da cultura e de algumas artes. Em primeiro lugar, é preciso mencionar aqui o cultivo da oliveira. Seu cultivo está ligado à lenda da luta de Athena com Poseidon sobre a posse da Ática. Quando discutiram sobre esta posse, Zeus decidiu que a paisagem seria dada àquele que a daria o presente mais útil. Poseidon criou então o cavalo (selvagem) ou, ao atingir a terra com seu tridente, uma fonte de água salgada (ou salobra), Athena a oliveira. Os deuses concederam o prêmio a Atena e desde aquela época a oliveira era sagrada para ela acima de todas as outras árvores. A árvore, que ela havia criado, estava na vizinhança imediata do Erechtheion e tinha uma força vital que não podia ser destruída.

Quando os persas queimaram o templo e a árvore após a conquista da cidade sob Xerxes, novas árvores brotaram imediatamente do chão. Certas oliveiras dedicadas à deusa também foram encontradas em outros lugares da Ática, por exemplo, na Akademeia, um jardim a pouca distância de Atena, havia doze oliveiras, que ou deviam sua existência diretamente a Atena ou eram consideradas como partes da oliveira na Acrópole. Em todos os lugares fora da Ática, também esta árvore foi santificada para Athena.

Athena Erganê

Por causa das várias artes, cuja introdução lhe foi atribuída, ela foi apelidada de *Erganê*, ou seja, "experiente em todas as artes" - principalmente tecelagem e fiação. Homero menciona muitas vezes as obras artísticas de Atena, de roupas ornamentadas, que ela tinha feito para si mesma ou para os heróis que ela protegia. Na Ásia Menor, isto deu origem à saga de seu concurso com Arachne, que havia tentado igualar a deusa em habilidade artística e havia sido transformada em aranha como castigo.

Daqui também, que o maior presente, que lhe foi trazido anualmente pelos atenienses, consistia em uma túnica lindamente confeccionada (*peplos*). As mulheres troianas também - a propósito, o serviço da troiana Athena tinha muito em comum com a grega - para se reconciliar com a deusa que lhe ofereceu a mais limpa de suas roupas.

Mas ela não apenas ensinou os homens a girar e tecer, ela também lhes deu o ancinho e o arado e os ensinou a usar o touro na agricultura; todo o trabalho artístico, especialmente aquele gasto na fabricação de jóias femininas teve sua origem em Atena; sim, mesmo o carpinteiro, o ourives, o dramaturgo, o oleiro e o carpinteiro do navio não poderia passar sem sua ajuda. O poeta romano Ovid acrescentou o mais completo, o pintor, o sapateiro, para indicar que todos os artistas e todos os artesãos deveriam receber ajuda e apoio dela.

Além disso, ela foi creditada com invenções nos campos da música e da dança. Ela tinha tocado a flauta pela primeira vez, e Lydia e Boeotia competiram pela honra de terem ouvido seus primeiros tons. Uma lenda, que talvez deva sua gênese a esta rivalidade, disse que Athena havia desistido de tocar flauta quando viu nas águas de um riacho que o inchaço de suas bochechas desfigurou seu rosto. A flauta que ela havia jogado fora foi encontrada e levada pelos Silenciados Marsyas. Quando ele começou a tocá-la, porém, foi punido por Athena.

Ela também inventou a trombeta marcial. Havia também uma dança marcial, a *pírrica*, que ela mesma havia dançado pela primeira vez em comemoração à vitória sobre os Giants e que, portanto, era recriada todos os anos em sua homenagem aos Panathenaeans.

Deusa da sabedoria

Finalmente, ela, a deusa do *éter* puro e claro, é também a deusa da clareza da mente, da calma e da deliberação composta. É precisamente por isso que ela é a deusa padroeira do pensativo e engenhoso Ulisses, por que ela vem exortar o primeiro à calma e à compostura na batalha entre Aquiles e Agamêmnon, por que ela se tornou a deusa dos sábios e de todos os praticantes da ciência. Esta característica em seu ser foi especialmente proeminente em Atenas. Isto pode ser explicado pela grande pureza e clareza do ar da Ática, o que também teve um efeito favorável sobre as faculdades da mente. Foi também esta qualidade que ligou Athena a seu pai Zeus pelos laços mais estreitos. Ela é, por assim dizer, a personificação da sagacidade de Zeus. No entanto, isto não a impede de às vezes participar de esquemas astutos concebidos contra seu pai.

Relacionamento com outros deuses e mortais

Hephaistos

Uma das lendas mais antigas que os atenienses souberam contar sobre sua deusa era sobre o amor de Hephaistos por ela. Embora a deusa tenha rejeitado as propostas do deus, o desejo ardente do deus de possuí-la deu origem a um ser, metade cobra e metade homem, chamado Erechtheus ou Erichthonios. O gérmen, que uma vez daria origem a este

51

ser, foi, assim diz a história, envolto por Athena em um velo de lã e jogado na terra. É evidente que estamos tratando aqui de uma representação figurativa de um fenômeno natural muito comum. Do fundo quente da terra, simbolicamente representado aqui pelo Hephaistos, os vapores impuros sobem para o *éter* puro. Isto não é contaminado por eles, mas eles permanecem envoltos em uma nuvem nublada, pendurados abaixo até descerem novamente à terra como chuva fertilizante.

Ares

Há uma grande diferença entre ela e Ares, o deus das batalhas ferozes. Athena não está interessada em lutar: ela não se precipita na luta mais selvagem, mas a calma, a deliberação, a determinação lhe garantem a vitória quando ela vai para a guerra em defesa dos direitos sagrados ou para alcançar uma causa nobre. A este respeito, ela é o oposto de Afrodite. Atena é a deusa poderosa e forte, enquanto Afrodite é a deusa sem poder que não entende a arte da guerra. Esta Athena sempre traz vitória. Portanto, ela é quase idêntica à Nike, a deusa da vitória. Athena venceu uma vez uma guerra de Ares, que resolveu seu relacionamento.

Poseidon

Ela também é adorada ao lado de Poseidon porque, como ele, é uma divindade que se deleita com aqueles que se dedicam ao mar e com aqueles que sabem domar o poder impetuoso do cavalo e torná-lo subserviente a eles. Como *Hippia*, a deusa dos cavalos e cavaleiros, ela era adorada em uma colina de Kolonos, um lugar nas imediações de Atenas; na ponta sul da Ática, no promontório do Cabo Soenion, ela era adorada como a deusa padroeira dos que navegam no mar. Em Atenas ela havia ensinado a Erichthonios como domar cavalos; em Corinto eles contaram como ela havia mostrado a Bellerophon como domar o cavalo alado Pegasus. Em vários lugares, as pessoas a elogiaram e a Poseidon como as divindades que se encarregaram da criação de cavalos e ensinaram as pessoas a servir o cavalo. Ela se fez conhecida como a protetora dos marinheiros quando construiu o navio com cinqüenta remos para Danaos, com o qual fugiu do Egito para a Grécia. Também, quando ela construiu ou ajudou a construir o Argo, o navio com o qual Jason e seu saiu para recuperar o Velo de Ouro de Colchis. Mesmo o cavalo de Tróia, que foi construído por ou a conselho de Atena e se tornou o meio pelo qual os gregos finalmente entraram na cidade, relaciona-se com este lado do ser da deusa. É claro que todas essas representações foram imediatamente relacionadas às nuvens, que se mostram no *éter* e são tão freqüentemente comparadas a cavalos velozes ou navios velozes. Depois que Athena pegou Poseidon e Medusa em seu templo, diz-se que ela fez com que esta última a transformasse em uma górgona, o que resolveu ainda mais a relação com Poseidon.

Afrodite

Porque, como abaixo, Afrodite recebeu a maçã dourada e não Atena, seu relacionamento é ruim. Além disso, Afrodite não gosta do fato de que Athena seja virgem. Uma vez, quando Athena encontrou Afrodite atrás de um tear, ficou furiosa porque sentiu que a tecelagem era um ofício muito bonito e que estava sujo quando Afrodite o fez. Diz-se que Afrodite nunca fez nada mesmo remotamente parecido com o trabalho depois disso.

Guerra de Tróia

Athena tomou partido contra os troianos na Guerra de Tróia, porque não podia perdoar Paris por não lhe ter concedido a maçã de ouro, que era destinada à mais bela das deusas. Consequentemente, não apenas Paris, mas todos os seus compatriotas sofreram com o ódio e a perseguição dela. Nesta guerra, travada por mortais, mas provocada por lutas entre os deuses, Atena até se voltou contra alguns de seus companheiros deuses, que se colocaram do lado dos troianos na batalha.

No entanto, Atena também foi venerada em Tróia. Os troianos possuíam o *Palladion* de madeira e enquanto mantiveram aquela estátua de Atena, Tróia permaneceu invencível. No entanto, Odisseu e Diomedes conseguiram capturar a estátua. Kassandra, no rescaldo da guerra, procurou abrigo com outra estátua de Atena, que foi derrubada por Ajax. Este ultraje causou a uma parte significativa do exército expedicionário grego um retiro desastroso. Poseidon dificultou a retirada de Odisseu, enquanto o herói "astuto" continuou a desfrutar do apoio de Atena durante sua viagem de volta a Ítaca.

Filhos de Atena

Athena é virgem, mas também pode ter filhos com mortais (humanos). Muitas vezes ela deu de presente a essas crianças seu novo amor. Athena poderia ter seus filhos nascidos de sua cabeça, mantendo sua virgindade. Todos os filhos de Athena são odiados por aranhas porque Athena transformou o então tecelão mortal Arachne em uma aranha.

Quando Athena foi sitiada por Hephaistos, ela o defendeu com sucesso, mas sua semente caiu sobre sua coxa. Ela limpou a semente e ela caiu no chão. Da terra fertilizada, nasceu Erichthonius. Athena o adotou como filho e o confiou, em uma cesta de vime do sótão, às três filhas de Cecrops: Herse, Pandrosos e Aglauros. Eles não puderam olhar para dentro da cesta, mas Aglauros desfez os nós e dentro da cesta viram um bebê com um monstro cobra ao seu lado. Aglauros foi mais tarde levado ao ciúme por Athena e transformado em pedra por Hermes.

Influências não gregas sobre a estátua de Athena

Até que ponto o serviço da deusa egípcia Neith ou mitologia fenícia influenciou a formação original e o desenvolvimento das representações dos gregos sobre *Pallas* Athena é difícil de determinar. O que é certo é que a figura de Atena, como ela nos é retratada nos poemas de Homero, tem um caráter genuíno, peculiarmente grego e que nenhum traço de influência estrangeira pode ser reconhecido nela.

O culto a Athena remonta aos tempos antigos; o nome não é grego e não pode ser explicado satisfatoriamente, nem alguns dos títulos honoríficos antigos usados pela deusa nos épicos de Homero. Seu caráter é ambivalente: ela foi, por um lado, a donzela marcial, deusa da guerra, que apoiou a corajosa e ordeira luta em defesa da pátria e da lei, liderando o caminho na batalha e dando a vitória; heróis lendários como Aquiles, Diomedes e Odisseu estavam sob seus cuidados.

Por outro lado, Athena era a deusa da prosperidade e da paz, a doadora de tudo o que caracteriza a sociedade civilizada. Ela defendia a lei e a ordem, era a protetora da assembléia pública e ensinava os homens a manusear arados e fogueiras e como aproveitar cavalos; além da arte e da ciência, ela gostava particularmente de artesanato feminino.

Atributos e símbolos

A mesma representação metafórica, que está subjacente a estas histórias sobre o nascimento de Atena, também se encontra em seus principais atributos e símbolos, os *Aegis* e o *Gorgoneion;* o *Aegis*, o escudo, ou armadura, ou capa, que Zeus e Athena possuem juntos, o Gorgoneion, a cabeça do Gorgo Medusa colocada no centro dele, ambas representações da nuvem densa, que contém trovões e relâmpagos, e assim também da escuridão, da qual nasce a luz. Embora o chefe de Gorgo tenha obtido seu lugar no Aigis, que pertencia a Zeus, ele foi dado a Atena por Perseu e foi, portanto, um dos atributos, sem os quais a deusa nunca foi imaginada ou representada. Isto é especialmente verdadeiro em relação à representação da deusa em Atenas, e antes de tudo na Acrópole de Atenas, a fortaleza da cidade, que há muito tempo se dedica inteiramente ao serviço desta deusa. Na parede sul da Acrópole podia-se ver uma grande cabeça dourada de Medusa sobre um *Aigis*, o que servia para indicar o terror com que Atena, como *Promachos*, como deusa padroeira de sua cidade favorita, expulsaria os inimigos de suas muralhas.

A coruja, a cobra e o galo também foram santificados para ela. A oliveira era dedicada a ela.

Athena é representada com armadura completa, com aegis (pele de uma cabra com cobras presas), capacete, escudo, espada e/ou lança. A cabeça da Medusa é usada sob a égide, cuirass peitoral ou escudo.

Festas

A estreita conexão, na qual ela se mantém com aquele *éter*, também é evidente nas cerimônias simbólicas em vários de seus festivais. Em nenhum lugar estes festivais (*Panathenaia) foram* celebrados em maior número e com maior pompa do que na Ática, especialmente em Atenas. Na Acrópole, ela tinha dois templos, chamados Erechtheion, e o Parthenon. Restos significativos de ambos sobreviveram até nosso tempo. No Erechtheion eles mantiveram a estátua de madeira mais antiga de Atena, que se dizia ter caído do céu, e os memoriais de sua batalha com Poseidon pela posse da paisagem da Ática. O Pártenon era, como seu nome indicava, o templo da "deusa virgem". Havia sua estátua mais famosa, feita por Pheidias (c. 431 a.C.), entre outras esculturas, os fundos estatais e os arquivos estatais.

É evidente que Atena, como deusa da natureza, exerceu uma grande influência na agricultura, no florescimento da semente e, portanto, foi invocada de várias maneiras durante o ano e homenageada com vários festivais. Na época da semeadura, Demeter foi homenageado principalmente, mas das três charruas sagradas, com as quais foi dado o sinal de que a época da semeadura havia chegado, duas foram dedicadas a Athena (*Skiras* e *Polias*, respectivamente). Mesmo quando a fruta germinou, as pessoas se voltaram para Athena para obter mais bênçãos. Além disso, por toda uma série de cerimônias e costumes, em sua maioria de natureza sombria, a ajuda das divindades do *éter* foi implorada contra o calor escaldante dos raios solares no verão através de purificações e expiações. Estes incluíam os Plynteries e Kallynteries, celebrados no mês de *Thargelion* (maio). Em seguida, os *peplos*, a túnica belamente confeccionada, foram retirados da velha estátua da deusa e a

55

própria estátua foi lavada, uma cerimônia que não se referia apenas à limpeza, mas também à umidade tão necessária para os campos de sementes naquela época. Em julho, as pessoas comemoraram a Skirophoria. Depois a estátua de Atena foi coberta com gesso, com argila de cal. Em seguida foi realizada uma grande procissão, durante a qual os sacerdotes e sacerdotisas usaram grandes guarda-sóis, para afastar o calor brilhante do sol. Também neste festival, as pessoas procuraram assim a proteção de Atena contra os efeitos nocivos dos raios solares abrasadores. Da mesma forma, a festa da Ersephoria ou Arrephoria (para a qual foi construída a Arrephorion) foi associada a Atena como deusa da natureza, e isto também pode ser dito da maior festa celebrada em honra da deusa em Atenas na época da colheita, dos Panathenaeans. Neste festival, que nem de longe foi igualado em esplendor por nenhum dos outros, o significado ético de Atena veio gradualmente à tona. No entanto, os presentes que ela havia dado como deusa da natureza ficaram na memória, especialmente o presente da oliveira. Velhos homens e mulheres carregavam ramos de oliveira em suas mãos na solene procissão realizada por ocasião dos Panathenaeans, e aqueles que haviam triunfado no concurso nesta festa eram coroados com ramos de oliveira da árvore sagrada e eram recompensados com ânforas contendo óleo extraído daquela árvore. Finalmente, na época da colheita do vinho entre os Oschophorians, além das divindades que a viticultura era mais particularmente cara ao coração, Athena também foi lembrada com gratidão como a deusa que deu bênção e fertilidade a toda a paisagem.

As artes visuais

Em todas as regiões habitadas pelos gregos, a deusa era freqüentemente retratada. Das estátuas mais antigas, cuja pose ainda não possuía a soltura e naturalidade das últimas obras de arte da Grécia Antiga, algumas representavam a deusa sentada, como a deusa da paz, geralmente com uma roda giratória a seu lado. Outras estátuas a mostraram com lança erguida e escudo estendido como a deusa da guerra. Tais estátuas eram comumente chamadas de *paladianos*. De sua constante posse dependia a salvação e preservação do Estado. Tal *Paladião* foi roubado dos troianos por Odisseu com a ajuda de Diomedes.

Atenas, Argos, a maioria das cidades da baixa Itália, mas também Roma se orgulhava de possuir tal *Paladion*. Dizia-se que aquelas estátuas haviam caído do céu e, no que diz respeito a suas descobertas e aos destinos excêntricos e andanças de algumas delas, um grande número de lendas estava em circulação.

Entre essas estátuas mais antigas também pode ser contada a estátua de Atena, que foi encontrada perto do templo da deusa na ilha de Egina em 1811 e atualmente está guardada na glicoptóteca de Munique.

O quão bem a imagem de Atena era conhecida por todos os gregos, pelo menos por todos os atenienses, é demonstrado pela história que Peisistratos, expulsos de Atenas, ele mesmo trouxe de volta à cidade em uma carruagem, sentado ao lado de uma mulher adornada com todos os atributos da deusa Atena, e que os atenienses o acolheram, pensando que sua própria deusa o havia trazido de volta.

As últimas, mais belas estátuas de Atena, foram todas do tipo projetadas pelo grande escultor Pheidias. Três estátuas de Atena feitas por este escultor atraíram particular atenção na antiguidade clássica, primeiro a estátua do Pártenon, feita de ouro e marfim, segundo a gigantesca estátua de bronze de Atena *Promachos* na Acrópole, que foi feita do saque da Maratona, e finalmente uma estátua de bronze erguida por colonos atenienses na ilha de Lemnos e por isso chamada de Atena Lemniana. A graciosidade desta estátua era tão grande que as pessoas ali costumavam chamar a deusa de "a bela". Ela representava Atena como a deusa artística da paz.

Os bustos, estátuas e imagens da arte grega posterior também podem ser divididos em dois grupos principais, um representando a deusa como uma deusa da guerra, o outro dando-lhe os atributos próprios de Athena *Erganê*.

Demeter

Os romanos identificaram sua deusa Ceres com Demeter.

Demeter (grego antigo: Δημήτηρ, Dêmétêr) é uma figura da mitologia grega. Ela era filha de Kronos e Rhea e, portanto, uma irmã de Zeus, Poseidon, Hades, Hera e Héstia. Demeter era a deusa da agricultura e das culturas (principalmente grãos). Ela é freqüentemente retratada segurando uma espiga de milho. O equivalente romano de Demeter é Ceres.

Origem

Após seu nascimento, segundo a mitologia grega, ela compartilhou o destino de seus irmãos: foi devorada por seu pai Kronos mas, como os outros, foi chamada de volta à vida quando Zeus forçou seu pai a regurgitar as crianças que ele devorou.

58

A deusa Demeter, literalmente invocada como uma *mãe divina*, possui todas as características da deusa mais velha Cybele, uma deusa frígio, que por sua vez era um reflexo da deusa Kubaba da mitologia Hattish.

Demeter Pelasgis

A concepção de Demeter como a mãe terra pertence ao seu ser original. Ela está intimamente relacionada com Gaia e Rhea Cybele, apesar de ter uma personalidade diferente. Pode-se segurá-la com segurança para uma das mais antigas divindades da Grécia, a Pelasgis (Grécia pré-Helênica), daí seu apelido *Pelasgis.* O que alguns escritores reivindicaram sobre suas origens egípcias e sobre sua identidade com a deusa egípcia Isis parece implausível. Demeter era a irmã de Poseidon e a cunhada de Hera. Mas Demeter secretamente tinha um fraquinho por Zeus. Hera sabia disso e fez tudo o que estava ao seu alcance para destruí-la.

Escopo de trabalho do Demeter, epilepsia e adoração

Como deusa da terra, ela está principalmente associada a tudo relacionado à vida e à civilização humana. Ela se tornou a deusa da agricultura, e uma vez que ela foi esta, é claro, também de todas aquelas atividades que podem ser consideradas mais amplamente como agricultura, arboricultura e criação de animais.

A deusa da agricultura tornou-se ainda mais a protetora de tudo relacionado à agricultura. Ela passou para o inventor de todas as ferramentas usadas nele. Ela também ensinou as pessoas a arar, semear, aparar, atar feixes, debulhar, moer e assar pão, de acordo com o mito do Triptolemos (veja abaixo).

Demeter Thesmophoros

Como deusa da civilização, que eleva as pessoas acima do nível de caçadores e pastores através da agricultura, Demeter também tem um significado moral. Com isso, ela está intimamente relacionada a Dionysos, o deus que deu a civilização à raça humana.

Ofertas

Para Demeter eles sacrificaram os porcos em detrimento do milho, assim como gado, frutas, mel e favos de mel. Além de todas as árvores frutíferas, pinheiros, olmo e das flores jacinto e papoula também foram dedicados a ela.

Festas

Além do Eleusinias e Thesmophorias, vários outros grandes festivais foram celebrados em homenagem ao Demeter, em sua maioria relacionados com a colheita. Além de Eleusis, os principais lugares de sua adoração foram Creta, Delos, Arcádia, Ática, Anatólia e Sicília.

Na sua maioria, as tribos Dorian se dedicaram ao serviço de Apolo e Artemis, e por isso Demeter ficou em segundo plano com eles, embora também pareça que esta deusa é de origem grega antiga e genuína.

Crianças

Demeter desfrutou do amor do deus supremo Zeus e teve uma filha, Persephone, com ele. Além disso, ela deu à luz Despoina e o deus do mar Poseidon foi o pai do cavalo Areion com ela. Ela também aborreceu os filhos Ploutos e Philomelus por lasion.

Dionísio

Deus do vinho, da vegetação, da umidade quente, dos prazeres e da civilização

Os romanos chamavam este deus Baco e celebravam o Bacanalia, ou festival de Baco, a cada três anos. No entanto, tornou-se tão imoral que em 186 a.C. o Senado romano o proibiu.

Dionysos (grego antigo: Διόνυσος, *Diónysos*; Διώνυσος, Diṓnysos; latim: Dionysus) ou **Bakchos** (grego: Βάκχος, *Bákchos*; latim: Bacchus), às vezes também **Iakchos** (grego: Ἴακχος; latim: Iacchus), ou **Bromios**, é uma figura da mitologia frígio, trácio e grego. Ele é o deus do vinho (construção) e da fruticultura, o poder crescente da terra, das leis, da civilização humana, do espírito e do entusiasmo, da poesia, do teatro e da música. Como deus da paz, ele reúne as pessoas e como vitorioso sobre a morte. Ele teve uma influência importante na vida, pensamento e trabalho dos gregos e romanos de várias maneiras.

Pais, nascimento e infância

Dionysos era filho de Zeus e Semele, a filha do rei Theban Kadmos. O amor de Zeus por Semele despertou em grande parte o ciúme de Hera. Ela foi para Semele sob um falso disfarce (Beroë) e a convenceu a pedir a Zeus, como prova de que ele era realmente o deus do céu, que se mostrasse a ela em toda a sua glória. Preso por um juramento, Zeus teve que atender ao pedido tolo, mas quando ele chegou ao infeliz em plena chama de seu relâmpago, ela ardeu com sua casa.

Zeus, no entanto, salvou a criança que ela carregava em seu ventre, e imediatamente as videiras de hera brotaram dos pilares do palácio, protegendo a criança com suas folhas frescas. Zeus escondeu seu filho na coxa, até a hora de seu nascimento, e quando Dionísio veio ao mundo pela segunda vez, ele o entregou às ninfas de Nysa para cuidado e educação. Originalmente esse era um lugar mítico; mais tarde, várias regiões na Grécia carregavam esse nome. Ali, a criança foi criada sob os cuidados leais das ninfas.

Outra lenda menciona Ino, a irmã de sua mãe Semele, como sua educadora, e o deixou se juntar às ninfas primeiro, depois que ela também teve que sucumbir às perseguições de Hera.

Em Phrygia e Lydia, havia também a saga, diferente da história original grega, que o deus foi supostamente confiado a Rheia-Kybele para sua educação.

Ao chegar à idade adulta, ele plantou uma videira e com a bebida extraída dela intoxicou a si mesmo e seus educadores e os demônios da floresta. Todos que entraram em contato com ele foram seduzidos pelo cheiro doce da nova bebida e se juntaram à procissão, com a qual Dionysos viajou pelo mundo para espalhar o vinho, novo presente que ele queria dar à humanidade.

Imóveis

Ele é um deus cuja influência se estende por uma área muito ampla. Ele era adorado principalmente como o deus do vinho. O vinho era o melhor de seus presentes e por isso também se chamava Διόνυσου καρπός, Diónysou karpós, fruto de Dionysos. Mas há mais. Para os antigos gregos, ele também significava o poder de crescimento, que pode ser visto na natureza, por exemplo, das florestas, dos campos e das árvores. As montanhas e nascentes também estão conectadas a ela. A uva de vinho, portanto, é apenas a fruta, associada a ela como um deus. A uva, embora nascida da umidade, dá um brilho quente a seus frutos. A fraqueza e a coragem, a luxúria e a força, das quais a uva é o símbolo, são o símbolo de Dionysos.

Mas também todas as árvores e todos os frutos das árvores estavam sob seus cuidados. Todos os lugares úmidos eram, portanto, sagrados por ele, especialmente o solo que era fértil. Muitas molas foram dedicadas a ele. Ele também podia fazer as fontes fluir das rochas batendo nelas com seu bastão de thyrsos, não só água, mas também vinho, leite e mel.

A viticultura e a fruticultura são encontradas apenas em povos que atingiram um certo nível de desenvolvimento. Assim, Dionysos tornou-se um deus da civilização humana. Ele estava intimamente associado à Demeter desta forma. Ele deu às pessoas suas leis, manteve a paz e lhes mostrou seu favor através de seus bons dons. A viticultura e a agricultura foram vistas como os dons de Dionysos e Demeter, especialmente na Ática. Ali se originou a saga de Ikarios, a quem Dionysos deu seu presente, e de Triptolemos, que foi escolhido por Demeter como seu enviado.

Dionysos também influenciou a mente humana, reunindo as pessoas. O que quer que lhe resistisse tinha que se curvar diante de seu poder. Tudo isso foi selvagem e rude submetido a ele: panteras e leões puxaram sua carruagem e as divindades mais ferozes da natureza se uniram voluntariamente a sua comitiva. Ele era o deus do élan e do entusiasmo. Isto se expressou especialmente nos campos da poesia e da música. A poesia e a música dedicada a Dionísio são ferozes, caracterizam-se por transições repentinas da alegria mais exuberante para a mais profunda tristeza. Os festivais dedicados a Dionysos eram bastante barulhentos por causa das canções, da dithyramben, na verdade as canções que celebravam o duplo nascimento de Dionysos, e os instrumentos musicais usados neles, a flauta e o pandeiro.

Dionísio, além disso, era um deus da profecia e da purificação e, portanto, associado a Demeter e às divindades adoradas nos mistérios de Eleusis. Nesses, ele se chamava Iakchos, um nome por sua barulheira. O nome Baco, Bakchos, adotado mais tarde pelos romanos, parece ter o mesmo significado, também seu apelido Bromios parece se referir ao barulho com o qual suas festas eram acompanhadas.

Ele também foi associado ao submundo como vencedor sobre a morte e foi equiparado a Hades por Herakleitos.

As andanças de Dionysos

63

As lendas dizem que ele foi recebido especialmente em Aetolia e Ática. Em Aetolia, Dionísio havia se estabelecido com Oineus (= 'o homem do vinho') e teve um caso de amor com sua esposa Althaia. Segundo alguns, a bela Deianeira era a filha do deus. Muito mais detalhada e importante é a história da chegada de Dionísio à Ática. Dois lugares alegavam ter ocupado primeiro o deus: Eleutherai e Ikaria. Eleutherai, no entanto, só mais tarde tinha sido anexada ao território da Ática, de modo que os Dionysos de Ikaria eram e continuaram sendo a divindade verdadeiramente nacional. Sua chegada ali é recontada na seguinte lenda: Ikaros, o governante de Ikaria, quando pediu hospitalidade, gentilmente aceitou o deus. Em agradecimento, Dionysos lhe deu a videira e lhe ensinou a viticultura. Quando Ikaros ganhou o primeiro vinho, ele encheu sacos de couro com ele e viajou pela terra para distribuir esta deliciosa bebida aos pastores. Estes, porém, logo se embebedaram e, acreditando terem sido envenenados, mataram Ikaros e o enterraram debaixo de uma árvore. Sua filha Erigone saiu à procura dele e finalmente encontrou seu túmulo com a ajuda de sua fiel cadela Maira. Desanimada com o assassinato de seu pai, ela se enforcou na árvore sob a qual ele foi enterrado. Dionysos ficou furioso com o assassinato de seu amigo e mandou uma praga por toda a terra. Ele fez todas as nobres do sótão seguirem o exemplo de Erigone em fúria e fez de Ikaros a constelação Boötes e Erigone a constelação Virgo. O cão Maira que ele colocou no céu como a Estrela Cão.

O significado deste mito é claro: Ikaros é a personificação da videira, Erigone (= 'aquele que nasceu cedo') significa a uva, e o cão é o calor dos dias do cão, levando a fruta à maturidade.

Festas e culto

Os desastres ocorridos em Ática após a morte de Ikaros não puderam, segundo um oráculo, cessar até que o cadáver da pessoa assassinada fosse encontrado e uma oferta de paz pelo crime fosse oferecida. O cadáver não foi encontrado, mas em cumprimento às exigências do oráculo foi instituído um banquete, no qual todo tipo de estátuas pequenas foram penduradas nas árvores e balançadas de um lado para o outro enquanto cantavam canções em homenagem a Ikaros e Erigone. Este festival foi chamado de Aiora, e em nenhum lugar ele foi celebrado com tanta pompa e esplendor como em Ática, especialmente em Atenas. Mas estes festivais foram celebrados entre todos os ionianos, incluindo aqueles que habitavam a costa da Ásia Menor em grande número.

Festivais de inverno

Os festivais do sótão são em parte festivais de colheita no inverno, em parte celebrações da primavera que se aproxima. A verdadeira festa da safra foi celebrada nos "pequenos Dionísios", que as pessoas comemoraram no mês de *Poseideon* (dezembro-janeiro) em terra, ou seja, fora da cidade de Atenas. Canções em homenagem a Ikaros e Erigone eram cantadas, havia dança, e o simbolismo da fertilidade conferida por Dionysos era carregado com grande júbilo, e a alegria estava em toda parte. Naqueles Dionísios rurais está a primeira origem do drama ateniense. As carruagens eram conduzidas por cantores que recontavam a sorte do deus em um diálogo, e mesmo mais tarde, quando o drama ateniense já havia atingido seu estágio mais alto de desenvolvimento, atores da cidade ainda viajavam para acrescentar brilho aos dionisíacos rurais através de suas apresentações. Um entretenimento peculiar, que era muito popular, era o Askolia: meninos mancavam em um saco de couro revestido de óleo feito com a pele da cabra abatida em honra a Dionísio.

Os Dionísios rurais foram seguidos pelos Lenaies no mês de *Gamelion* (janeiro-fevereiro). Esse festival foi celebrado na cidade como uma conclusão do anterior. Principalmente, foi celebrado no *Lenaion*, o templo mais antigo, que Dionysos tinha em Atenas. As uvas foram prensadas festivamente e o jovem doce mosto, chamado *ambrosia*, foi degustado e sacrificado. Pessoas e templos eram coroados com hera; havia uma grande procissão, na qual, especialmente de carruagens, todo tipo de zombaria e brincadeiras eram apresentadas às multidões que se reuniam; apresentações teatrais concluíram o festival.

Festivais de Primavera

Quando a primavera começou, as pessoas comemoraram *Anthesteria* no mês de *Anthesterion* (fevereiro - março). Cada dia deste festival teve seu próprio significado. O primeiro dia, o *Pithoigia*, foi a festa da quebra das barricas de vinho novo. Naquele dia, os escravos eram livres e iguais a seus senhores. No segundo dia, *Choën* foi comemorado com uma refeição, para a qual o Estado forneceu a carne e os prêmios foram concedidos para aqueles que puderam beber o máximo do vinho jovem. As primeiras flores da primavera foram usadas para coroas para o povo e para o Lenaion. Os *Anthesteries* também foram celebrados pelas crianças. A partir do terceiro ano, as crianças foram coroadas naquele dia como uma personificação do ano jovem. Uma parte importante do *Anthesteries* foi uma oferta feita ao deus no dia do *Choën* pelas mulheres mais nobres da cidade no Lenaion. No processo, a esposa do *arconte basileu*, ou o oficial encarregado de governar a religião, foi unida em casamento sob cerimônias misteriosas. Esta foi provavelmente uma repetição simbólica da união concluída por volta da mesma época do ano entre Dionísio e Ariadne.

O terceiro dia do *Anthesteries* levava o nome de *Chytren* (ou seja, "o festival dos potes"). Então, foram oferecidos sacrifícios aos fantasmas dos mortos, que neste dia voltavam ao mundo superior para receber os presentes que lhes eram devidos, e ao Hermes, que guia os fantasmas. A explicação deste sacrifício está no fato de que ao despertar da natureza na primavera, além do retorno de Dionísio, ou seja, a força de crescimento da natureza, do reino dos mortos para uma nova vida, também se celebrava o despertar de tudo o que um dia tinha vivido e parecia ter morrido.

Dionisia

O quarto festival, o verdadeiro festival da primavera, celebrado pelos atenienses, foram os *grandes dionisíacos*, os *dionisíacos da cidade.* *Elaphebolion* (março-abril) foi o mês designado para estes festivais. Participar deles era até permitido aos prisioneiros, porque neste festival as pessoas celebravam o deus acima de tudo como o libertador do cuidado e do sofrimento. A característica mais marcante dos grandes Dionísios foram as magníficas representações teatrais dadas em honra ao deus. Uma multidão muito grande de pessoas afluiu a Atenas de longe e de longe. Em seguida, uma multidão alegre andou de um lado para o outro pelas ruas da cidade. O festival começou com uma magnífica procissão, que acompanhou a estátua mais antiga do deus encontrada em Atenas. Numerosos coros cantaram em honra ao deus, especialmente os *dithyrambos*, ou seja, a canção, na qual seu duplo nascimento foi cantado. As pessoas se coroavam de rosas e violetas, as jovens flores da primavera. Mas a essência de todo o festival foi e continuou sendo a apresentação de novas tragédias e comédias, durante as quais foi realizada uma competição entre os vários poetas. Aqueles que se candidataram foram escolhidos de antemão entre os que seriam admitidos à competição. O afluxo de estrangeiros era então tão grande e a folia dos cidadãos tão cheia de todos os ânimos, que esses dias foram escolhidos como os mais apropriados para conceder honras estatais aos cidadãos merecedores.

Oschophoria

Mas não apenas na Ática e Atenas foi o serviço de Dionysos em tão alta honra. Na ilha de Naxos, também, as pessoas sabiam muito sobre o deus. Foi lá que ele havia encontrado Ariadne, quando este último havia sido abandonado infielmente por Theseus. É um tema favorito dos poetas cantar a tristeza sem nome de Ariadne em seu estado desolado e a alegria feliz que a encheu quando foi escolhida por Dionísio como sua consorte.

Em Atenas celebraram uma festa em sua homenagem, a Oschophoria, que foi também uma festa da colheita, na qual os filhos dos cidadãos atenienses, vestidos com antigos trajes jônicos, carregavam videiras com uvas penduradas nelas em uma procissão solene. O casamento de Dionísio e Ariadne produziu três filhos, Oinopion (ou seja, "o bebedor de vinho"), Staphylos (ou seja, "a videira") e Euanthes (ou seja, "a bela floração").

Opositores

Em todos os lugares para onde Dionísio foi, ele espalhou bênçãos. Somente aqueles que ele arruinou tentaram resistir a ele. Em primeiro lugar, os piratas tiro-renhos, que queriam levá-lo como prisioneiro. Na verdade, quando ele estava prestes a navegar de Ikaria para Naxos e estava vagando na praia, os piratas tiro-renhos o capturaram, pois ele atraiu a atenção por causa de sua beleza extraordinária. Mas dificilmente o navio estava no mar, quando os grilhões que haviam sido colocados sobre ele caíram, as videiras cresceram ao redor das velas, as hera apertaram o mastro e os assaltantes mergulharam no mar em um ataque de loucura e foram transformados em golfinhos.

Mais de uma vez, Dionysos tinha inimigos para combater, como provam as lendas de Lykurgos e Pentheus. Lykurgos, o filho de Dryas, era um rei dos Edônios trácios. Quando o deus entrou em seu reino com toda a multidão que o acompanhava, aproximou-se deles com hostilidade a fim de disciplinar o intruso e, se possível, matá-lo. Entretanto, o intruso se salvou ao saltar no mar, onde a deusa Thetis cuidou dele. Lykurgos, porém, foi punido com a cegueira, e tendo incorrido no ódio dos deuses, ele logo teve que morrer. Outras lendas contam que, tendo ficado louco, ou ele confundiu seu filho com uma videira e o matou com seu machado ou, vencido por tal cegueira, cortou suas próprias pernas. Parece que Lykurgos é um símbolo do frio do inverno, que tenta perturbar a alegria do deus do vigor, mas tem que sucumbir repetidamente na luta desigual.

Na saga boótica, Pentheus ocupa o mesmo lugar que Lykurgos, no norte da Grécia. Chamado de rei de Tebas, ele é descrito como um homem de natureza áspera e feroz. Quando Dionysos também visitou Tebas em sua viagem pelo mundo, todas as mulheres de Theban se reuniram ao seu redor e celebraram uma festa barulhenta em sua honra nas montanhas de Kithairon. Indignado com isso, Pentheus quis pôr um fim a isso, mas quando quis participar de uma das cerimônias secretas realizadas nas montanhas sem ser notado e havia escalado um pinheiro para esse fim, foi despedaçado por sua própria mãe, que o confundiu com um animal selvagem, com a ajuda de seus companheiros.

A partir desta saga sobre o Boótico Dionísio já está claro que seu culto e seus festivais em algumas regiões da Grécia eram de um caráter totalmente diferente daqueles celebrados em Atenas. Foram festas ferozes e barulhentas, nas quais mulheres e meninas participaram em grande número, como mostra a lenda, que diz respeito às filhas do rei Minyas em *Orchomenos*. Orgulhosas de todas as exortações e sinais milagrosos, só estas de todas as mulheres daquela cidade se recusaram a participar da festa em honra de Dionísio, até que finalmente o deus, seguido pela multidão feroz que o cercava, entrou em sua casa e quando ele a encontrou trabalhando lá, teve-a crescido demais com videiras e grinaldas de hera e as transformou em morcegos.

A lenda também relata muitas batalhas nas quais Dionísio teria estado envolvido; diz-se que ele lutou com as Amazonas, há menção de uma batalha que ele travou contra Perseu, mas especialmente famoso é o papel que ele desempenhou na vitória dos deuses sobre os gigantes. A mãe desses grandes seres, que queria invadir os céus, Gaia, tinha-os tornado invulneráveis às armas dos deuses, para que pudessem continuar sua batalha ilesos, até que dois seres, em cujas veias também correu o sangue de homens mortais, Dionísio e Hércules, foram chamados em seu auxílio pelos deuses e asseguraram sua vitória.

Festivais trietéricos

Festivais ruidosos foram celebrados especialmente no Parnassos, perto da cidade de Delfos. Até mulheres da Ática viajaram para lá para participar. Na escuridão da noite, eles vagueavam pelos picos cobertos de neve das montanhas, às vezes arriscando suas vidas, e rasgavam tudo o que lhes chegava às mãos, veados e outros jogos, para devorar a carne ainda trêmula crua. Um barulho ensurdecedor causado pelos gritos dos foliões, acompanhado pela música de flautas e pandeiros, foi uma característica peculiar destes desfiles sobre as montanhas. Tais festivais Dionysos eram celebrados a cada três anos (os gregos diziam a cada três anos) e por isso eram chamados de festivais *trietéricos*. A causa desta excitação pode ser explicada pelo significado de Dionysos como deus da natureza. Na época do solstício de inverno, a uva parece morrer completamente, por assim dizer, e o deus, pensava-se, morreu com a planta santificada para ele. Daí uma tristeza, igualmente encontrada em todas as religiões da natureza, onde o homem vê no morrer da natureza a imagem de sua própria morte, e que deu vazão a si mesmo em todos os tipos de costumes selvagens e excitados. Por outro lado, havia as festas da alegria, com as quais o deus era saudado quando renascia na primavera, e o rugido com o qual as mulheres que participavam dessas festas passavam sobre as montanhas, o que servia para despertar o deus de seu sono de morte. As pessoas o procuravam por toda parte até encontrá-lo, ou seja, seu símbolo, uma planta recém brotada; depois o trouxeram em procissão solene ao seu templo para concluir a festa com sacrifícios e danças.

Mainaden

Em sua viagem sobre as montanhas, as mulheres estavam vestidas com peles de animais e levavam nas mãos um bastão de thyrsos (ou seja, um bastão enrolado com hera e videiras). Eram chamados Mainaden, Bakchanten, Thyiaden, Bassarides. (Ver Bassareus.) Estes festivais selvagens tiveram origem principalmente na Trácia e Macedônia, de onde foram transferidos para a Grécia propriamente dita, especialmente para a Boécia, entre os quais os festivais de Dionysos, os *Agrionians*, ou seja, "o festival selvagem" em Orchomenos, ocuparam um primeiro lugar.

Estes Mainads também faziam parte, na representação dos gregos, da grande procissão que envolveu o deus na jornada que ele havia empreendido para espalhar seu dom. Essa procissão, chamada pelos gregos de *"thiasos"*, e tema de numerosas representações das artes visuais, consistia de componentes muito diferentes. Embora no início apenas Ninfas tivessem sido companheiras do deus, ele logo foi cercado por todos os tipos de grupos de Silênios, Sátiras, Panelas, Kentauros e outros seres de tal natureza. É evidente que seu antigo professor Silenos não estava ausente desses ambientes. Com toda essa multidão, ele viajou por todos os países, plantando a videira em todos os lugares e estabelecendo sua adoração. Sua jornada, na qual ele, por assim dizer, subjugou o mundo inteiro, foi descrita por escritores antigos como se estendendo até a Índia. Especialmente como resultado das campanhas empreendidas por Alexandre o Grande, esta jornada se tornou mais proeminente entre os gregos posteriores sob as lendas de Dionísio. Alexandre preferiu a visão, por assim dizer, de que ele queria continuar o empreendimento de Dionísio e penetrar ainda mais do que onde os traços do deus e sua adoração chegavam. Escusado será dizer que todos os países nos quais o serviço de Dionysos havia se enraizado em tempos posteriores foram incluídos nas descrições dessa viagem, e inúmeras sagas e histórias de aventuras, nativas de diferentes países, foram gradualmente unidas em um todo. Especialmente as paisagens asiáticas menores da Frígia e da Lídia devem ser contadas entre aquelas regiões, onde Dionísio permaneceu por muito tempo e estabeleceu um culto duradouro, o qual, como outros cultos naquelas regiões, tinha um caráter feroz e excitante, como diziam os gregos, *orgíaco*. Ali, o deus estava cercado pelos companheiros comuns de Rhea Kybele, a *grande mãe dos deuses*, ou seja, pelos Curets, pelos Korybants, Kabeirs e Idaiian Daktyls.

Em Lydia ou Phrygia, a saga de Ampelos também teve origem. Este era um belo jovem, que tinha conhecido e amado Dionysos em suas andanças. Sempre Ampelos foi o fiel companheiro do deus, até que um touro o matou. Dionysos estava perturbado com a dor, então Zeus, para aliviar essa dor, brotou uma videira do sangue de Ampelos.

Acesso às Olimpíadas

Justamente porque Dionysos era apenas parcialmente de origem divina, ele tinha que ser limpo de todas as coisas terrenas que se agarravam a ele antes de poder entrar no círculo dos deuses olímpicos. Após a viagem que empreendeu sobre toda a terra, pela qual sujeitou todas as nações, por assim dizer, a seu território, ele entrou vitorioso nas habitações do Olimpo, onde doravante lhe foi concedida residência. E uma vez lá, ele conseguiu que sua mãe Semele, de acordo com algumas lendas até mesmo Ariadne, também fosse designada para um lugar nas Olimpíadas. Semele recebeu ali o nome de Thyone. Daí o não raro nome de *Thyoneus* para Dionysus.

Mistérios de Orphici

Uma concepção muito peculiar da natureza do deus é encontrada entre os Orphici, uma seita religiosa e filosófica, que se deu o nome do cantor mítico Orfeu da Trácia, e se propôs a tarefa de difundir noções mais claras sobre a vida após a morte e sobre a responsabilidade moral que repousa sobre cada ser humano por suas ações. Nos mistérios desses Orphics, a divindade principal era Dionysos-Zagreus. Esta divindade, chamada de filho de Zeus e Demeter, ou descendente da união de Zeus com sua própria filha Persephone (uma saga que tentava simbolizar a influência das forças do céu no crescimento das plantas) era, segundo Orphici, o querido de seu pai, por ele indicado para governar o universo. Portanto, Zeus o fez rei e, já quando era jovem, deu-lhe mais honras do que aos outros deuses. Sua educação foi confiada aos Curets em sua infância. Mas Hera, que perseguiu todos os filhos de Zeus que não eram dela com um ódio maligno, enviou os Titãs sobre a criança, tendo-lhes ordenado que tornassem seu semblante irreconhecível, manchando-o com giz. Embora a criança tenha sido transformada em vários disfarces por seu poder divino, ela foi finalmente forçada a sucumbir na batalha desigual. Os Titãs dilaceraram seu corpo e o devoraram. Somente seu coração foi salvo por Athena, que o trouxe a Zeus.

Duas sagas diferentes dizem que ou Zeus mesmo devorou este coração, ou, que ele o deu a Semele, a mãe de Dionysos. Ou do próprio Zeus, ou por sua ação, nasce então o mais jovem Dionísio, que seria o rei, o libertador, a salvação do mundo. Os Titãs, no entanto, que tinham dilacerado Zagreus, foram atingidos pelos raios de Zeus a tal ponto que queimaram até se converterem em cinzas. Dessas cinzas, que foram misturadas com o sangue de Zagreus, nasceram os humanos. E é precisamente a partir disto que o caráter humano pode ser explicado. A luxúria pelo mal que todo homem carrega consigo tem sua origem nas cinzas dos Titãs; a inclinação para fazer o bem brota do sangue de Zagreus misturado sob essas cinzas. Em resumo, a luta entre o bem e o mal, que reina em toda mente humana, é simbolicamente representada pela mistura do que é Titanic, ou seja, feroz e rude, e do que é Dionísio, ou seja, bom, puro e puro.

Os ensinamentos dos Orphici foram proclamados em um culto secreto, nos chamados mistérios.

Um culto secreto, que pode ser chamado de Mistérios Dionisíacos, também parece ter estado na moda nos festivais triéricos de Dionysos.

Distribuição

O culto ao grego Dionysos também foi difundido além das fronteiras da Grécia. Especialmente naquelas colônias gregas, que cobriam a Sicília e as costas do sul da Itália, ele teve uma grande expansão. Em Roma, embora com nomes diferentes, muitos templos foram fundados em honra do deus. Mas esta adoração dos romanos logo se afastou completamente do culto original grego em muitos aspectos. Primeiro, o fato de que a nova divindade introduzida na Itália estava muito compreensivelmente ligada a divindades antigas e indígenas. Em segundo lugar, as cerimônias associadas a seu serviço logo se tornaram um disfarce para tal imoralidade grosseira na Bacchanalia, que permaneceu proverbialmente infame até hoje, que as autoridades da cidade tiveram que agir da maneira mais forte possível para evitar uma decadência geral.Sobre a adoração de Dionísio em Roma, ver Liber Pater e *Senatusconsultum de Bacchanalibus.*

71

Relação com outras divindades

Para algumas outras divindades, Dionysos estava em uma relação mais ou menos próxima. Seu relacionamento com Demeter já foi discutido. Com o Apollo, ele tinha vários pontos de contato. Parece que estas duas deidades eram hostis uma à outra no início e que levou muito tempo até que o serviço de Dionísio conseguisse conquistar um lugar ao lado do de Apollo. As festas ruidosas de Dionísio eram um contraste muito grande com o serviço do deus puro da luz, que era dignificado e medido em tudo. No entanto, mesmo esta luta chegou ao fim uma vez. Foram encontradas semelhanças que tornaram possível que estes dois deuses estivessem intimamente ligados na imaginação grega. Como Apolo, Dionysos sabe como despertar na mente das pessoas o entusiasmo pelo que é belo; ambos são igualmente amigos das Musas. Como Apolo, Dionysos também é um deus profético e, como será demonstrado, ele também concedeu às pessoas a purificação do pecado e da culpa.

Nas artes visuais

Uma grande influência tem sido exercida por este culto da Ásia Menor sobre a representação do deus pelas artes visuais. As numerosas estátuas que o retratam como um jovem de estatura frágil, quase efeminado, cujas fechaduras ricamente onduladas são amarradas pela faixa de cabelo Lydian (*mitra*), são também de origem asiática menor. Muitas vezes, o deus está vestido com roupas largas e cor de pele, enquanto ele é retratado às vezes como um jovem, às vezes como um homem de idade mais madura com a barba cheia.

Nenhum dos deuses gregos tem sido tão freqüentemente objeto de representações artísticas como Dionísio, e em nenhum outro deus a variedade dessas representações é maior. Às vezes ele é representado como uma criança, às vezes como um jovem, às vezes como um homem maduro e poderoso; às vezes com uma aparência lânguida, quase feminina, às vezes levado a um estado de arrebatamento pelo movimento mais violento da mente; às vezes bebendo, às vezes montando animais selvagens, geralmente cercado por Ariadne, Silenos e seus quiosques inteiros.

As imagens mais antigas do deus eram muito simples; um pedaço de madeira que o representava, uma imagem de seu rosto apenas, era freqüentemente suficiente para acender seus adoradores com entusiasmo.

As ervas sobreviveram até mesmo, representando ou apenas a cabeça de Dionísio ou, ao seu lado, a das divindades mais estreitamente associadas a ele, cuja imagem parece então brotar com ele de um tronco de árvore. A arte posterior encontrou nas lendas sobre Dionísio e seu ambiente um material muito rico para suas obras. Especialmente os escultores Skopas e Praxiteles (ambos viveram em Atenas de cerca de 392 a.C. - 350 a.C.) e seus alunos tentaram glorificar o deus nos mais diferentes estados e ambientes através de suas esculturas.

Dionysos como sacrifício

De acordo com a lenda de Dionysos como uma oferta de paz, ele foi pai de Zeus com Demeter. Quando jovem, Zeus já o colocava em seu trono onde ele brincava com a pedra do trovão. Os Titãs (que haviam sido derrotados por Zeus) observaram isso com desagrado e, na ausência do Alfather, emboscaram Dionísio. Este último tentou fugir por meio de uma transfiguração, mas acabou sendo apreendido, despedaçado e comido sob a forma de um touro.

No entanto, a deusa Atena a viu e preservou o coração. Ela a trouxe para Zeus, que a usou para ressuscitar seu filho. No culto ao deus Dionysos, um touro era abatido todos os anos, cujo sangue era bebido e a carne comida. Dionysos também era o deus do teatro; a tragédia surgiu a partir de seu dithyrambe.

Hades

O deus do submundo, a morada subterrânea dos mortos

A contrapartida de Hades na mitologia romana era conhecida como Dis ou Plutão.

Hades (grego antigo: Ἄδης), também **Haides** (Ἄιδης), **Ploutoon** (Πλούτων), **Plouteus** (Πλουτεύς) ou **Pluto**, **Orcus**, **Dis Pater** (latim) é uma figura da mitologia grega. Ele é o deus do submundo ou Reino Fantasma e governante dos mortos. Ele é também o deus da riqueza e dos metais preciosos. Hades é um filho de Kronos e Rhea e marido de Persephone.

Figura (deus)

Hades é um irmão de Zeus, Poseidon, Hera, Hestia e Demeter. Na divisão do poder e do mundo entre Zeus, Poseidon e ele mesmo, o reino subterrâneo dos mortos caiu sobre ele, fazendo dele o terceiro governante mundial. Hades sofreu o mesmo destino que seus irmãos e irmãs (além de Zeus): ele foi comido por seu pai Kronos e depois cuspiu novamente. Ele também participou da batalha dos Titãs do lado de Zeus. Ele não permite que ninguém retorne ao reino dos vivos. Vários demônios e espíritos estão a seu serviço, como Charon, o barqueiro que usa seu barco para transportar as almas das pessoas falecidas através do rio Styx mediante o pagamento de um obool (uma moeda colocada na boca do falecido para este fim).

Os atributos de Hades são os dois dentes e Kerberos, o monstruoso cão de três cabeças que guarda a entrada para o Submundo. Além disso, Hades também carrega ocasionalmente um saco de dinheiro, pois às vezes ele também era honrado como um deus da riqueza. Isto também deriva de seu nome: Ploutoon/Pluto (πλουτος = riqueza). Hades também conseguiu um capacete que poderia torná-lo invisível do ciclopes. Hades amava Persephone, filha da deusa Demeter, e a raptou. Dos heróis, Heracles, Orfeu, Odisseu, Peirithoös e Theseus desceram ao submundo enquanto ainda vivos. Homero descreve o reino sombrio e seu desânimo. Hades também foi apelidado de "Nil miserans" (impiedosos, impiedosos, sem piedade) por Horácio, mas o deus do submundo já havia tido piedade de Orfeu e de sua esposa Eurídice.

Submundo

Hades também se refere ao submundo, tanto na mitologia romana quanto na mitologia grega.

O submundo tinha como sua parte mais horrível *Tartaros*, aqui os fantasmas ou espíritos dos mortos eram enviados se eles tivessem vivido mal. Exemplos incluem Sísifos e Tantalos, que, quando morreram, tiveram que suportar tormentos eternos.

Uma parte mais bonita do submundo era a *Elysion*. Este era o lugar onde qualquer pessoa que tivesse levado uma boa vida poderia desfrutar de liberdade e paz. De acordo com as histórias, Enéas conhece seu pai Anchises aqui.

A terceira e última parte do submundo era um lugar sem esperança ou medo. Aqui todos foram enviados que tinham levado uma vida normal, nem boa nem ruim. Este lugar foi chamado de Asphodel ou os campos de Asphodel, batizado em homenagem a uma planta comestível de gosto muito neutro. Quem acabasse aqui podia voar e vaguear como morcego pelo resto da eternidade.

Hephaestus

Deus do fogo e da metalurgia

Os romanos identificaram seu deus Vulcano com Hefesto.

Hephaistos (grego antigo: Ἥφαιστος) ou **Vulcanus** (latim) é uma figura da mitologia grega. Ele é o deus da forja, do fogo e dos artesãos e é o ferreiro dos deuses. Segundo algumas fontes (Homer, et al), ele era o filho de Zeus e Hera; segundo outras (Hesíodo), ele era apenas o filho de Hera.

Os romanos o equipararam ao seu deus Vulcanus (também conhecido como Mulciber). Ele era casado com Afrodite, mas Afrodite o traiu com seu amante Ares, o deus da guerra. De Ares, ela teve uma criança chamada Harmonia.

Mitologia

Ele tinha braços fortes, como qualquer ferreiro, e pernas subdesenvolvidas. No entanto, Hephaistos também era manco. Na *Ilíada de* Homero, sua aparição diante dos deuses provoca "risos homéricos". Há duas explicações para seu coxear. Segundo um deles, Hephaistos

77

estava presente em uma disputa conjugal entre seus pais e quando
interveio para defender sua mãe, seu pai o agarrou por uma perna e o
jogou para baixo do Olimpo. Um povo da Trácia, os sintianos, que havia
pousado em Lemnos com uma migração de pessoas (foi onde Hephaistos
havia descido em sua queda), cuidou dele, mas ele permaneceu
mancando.

A outra versão diz que Hephaistos estava coxeando desde o nascimento,
e que Hera o expulsou do Olimpo por vergonha, deixando-o coxear pelo
resto de sua vida. Ele acabou no oceano, onde foi pescado por Tethys e
Eurynome que o criaram em uma grande caverna escura e profunda junto
ao mar. Quando cresceu, ele decidiu vingar-se dando a sua mãe um trono
de ouro que ele havia forjado. Entretanto, quando ela tomou seu lugar
nela, de repente ela foi acorrentada a ela e ninguém além de Hephaistos
pôde libertá-la. As duas histórias acima podem ser encontradas na Ilíada.

Diz-se também que Zeus, a fim de se dar bem com Hephaistos após seu
retorno ao Olimpo, decidiu dar-lhe Afrodite como esposa. Embora ele
mesmo fosse feio, Hephaistos sempre teve lindas esposas: além de
Afrodite, Charis, descrito como "gracioso", e Aglaea, a mais jovem das
três Graças, são mencionados. Dos filhos de Hephaistos, o Argonaut
Palaemon, o escultor Ardalus, o ladrão Perifeu, que foi morto por
Theseus, e Erichthonios são particularmente bem conhecidos.

Relacionamentos

Afrodite não era feliz casada com Hephaistos. Ela amava Ares e Ares a
amava. Enquanto Hephaistos foi trabalhar em sua oficina no Olimpo,
Afrodite permitiu secretamente que Ares entrasse em sua cama.
Hephaistos sabia desde o momento em que se casou com Afrodite que
isso iria acontecer. Por mais astuto que fosse, ele concebeu um plano
para mostrar ao mundo que Afrodite estava trapaceando. Ele criou uma
rede invisível que cairia sobre Afrodite e Ares sempre que ele quisesse.
Ele também convidou todos os deuses a virem. O plano funcionou e
Afrodite e Ares, enquanto nus, se enredaram na rede. Todos os deuses
começaram a rir quando os viram. Hephaistos acabou por libertá-los.

Outra história diz que Hephaistos havia se apaixonado por Pallas Athena.
Hephaistos supostamente correu nú em Athena e sua semente foi parar
nas roupas de Athena. Athena supostamente limpou-o com um pano e
jogou o pano em um vale. Esta mãe terra fertilizada, Gaia. A criança
resultante foi chamada de Erechtheus. Mais tarde, ele seria o primeiro rei
da cidade de Atenas.

Diz-se que Attica, filha de Zeus e Eurynome, se casou com Hephaistos. Juntos eles tiveram quatro lindas filhas, também chamadas de Charites. Diz-se também que a Hephaistos teve outro breve relacionamento com uma ninfa. A partir disso, também teriam nascido várias filhas divinas.

Culto

O Hephaistos era originalmente adorado na Ásia Menor (Lícia) como um demônio de todos os tipos de fenômenos de fogo natural. De lá, seu culto veio para a ilha de Lemnos. Da ilha de Lemnos, o culto Hephaistos veio para Atenas, onde o deus se tornou o protetor dos oleiros. O Templo de Hephaistos foi construído ao lado do bairro desses artesãos.

A propósito, todo o funcionamento do fogo foi associado ao Hephaistos. Sob vulcões ele teve sua oficina, como sob os Mosiclos em Lemnos, onde os Cabeirs eram seus ajudantes, e a oeste sob os Stromboli, mas principalmente sob o Etna, onde os ciclopes o serviam. Na Ilíada de Homero, seu nome está diretamente ligado ao fogo, onde o fogo sobre o qual a carne é preparada é ocasionalmente referido como a "chama de Hephaistos".

Ele forjou armas e equipamentos para deuses e heróis, por exemplo, o tridente de Poseidon, o escudo de Heracles e o cuirass de Aquiles. Prometheus foi forjado por ele e a bela Pandora foi sua criação. Artista de ferreiro, ele estava em estreita relação com Atena, a deusa das artes. Em Atenas, a festa da Caldéia foi celebrada para ambos os deuses juntos.

Iconografia

A primeira representação conhecida de Hephaistos data do século VI a.C. e mostra o nascimento de Atena, bem como uma cena com Peleus e o retorno às Olimpíadas. Ele era normalmente retratado com ferramentas típicas do ferreiro, como o martelo, o alicate e o fole. Foram encontradas numerosas estátuas do equivalente romano desta divindade grega, bem como sarcófagos e mosaicos, entre outros.

Hera

Rainha dos céus e como protetora do casamento e da mulher | Divindade do céu

Os romanos identificaram sua deusa Juno com Hera.

Hera (grego antigo: Ἥρα, *Hêra*; Ἥρη, *Hêrê*; Mycenaean: *e-ra*) é uma deusa da mitologia grega. Ela é a filha dos titãs Kronos e Rhea e, portanto, irmã de Zeus, o rei do céu e da terra, além de ser sua esposa. Hera era a deusa do casamento e da fertilidade. Ela também é chamada de "a de olhos de vaca" e o pavão é seu símbolo.

Origem

Originalmente, Hera era apenas a deusa padroeira do casamento. Logo, porém, ela simbolizou o céu e a atmosfera que traz fertilidade. Ela era vista como a dona do céu e da terra. Seu nome significa "dona de tudo o que existe". Como sua consorte, ela é capaz de derrubar todos os tipos de fenômenos meteorológicos, tais como trovões e relâmpagos na terra.

Sendo a esposa do deus principal, ela é tratada com grande reverência e respeito pelos outros deuses. Todos a defendem quando ela entra no salão.

Há várias histórias sobre a infância de Hera. Uma versão é que ela foi criada por Okeanos e Tethys. De acordo com outra versão, ela foi criada pelos Chifres. Sem que seus pais soubessem, ela entrou em um casamento sagrado ("hieros gamos" ou "hierogameia") com Zeus, que permaneceu em segredo por 300 anos, até que Zeus pôde lhe conceder seu lugar digno como rainha do céu.

Além do amor óbvio de Zeus e Hera um pelo outro, de acordo com os poetas gregos, há também muitos conflitos conjugais entre eles. Os gregos viram esta luta de Hera refletida nos fenômenos naturais em suas terras, que foram fortemente influenciados pelo mar. A saga na qual Zeus, como castigo pela perseguição de Hera ao filho de Zeus Heracles, pendura Hera do céu com duas bigornas a seus pés (representando a terra e o mar) e grilhões dourados nos braços (as nuvens coloridas pelo sol) também pode ser explicada deste ponto de vista.

Escopo de operação

O campo de ação de Hera expressou-se tanto em sua capacidade como deusa da *pólis* primitiva (e possivelmente até mais cedo na época de Micenas) quanto em sua capacidade como deusa do casamento como consorte do deus supremo.

Deusa da pólis primitiva

A espirituosidade de Hera também se reflete na Guerra de Tróia, na qual ela apóia os gregos. Afinal, o Paris de Tróia havia designado Afrodite e não Hera ou Atena como a mulher mais bela no Juízo de Paris. Até mesmo o Enéas de Tróia, que viaja para a Itália como sobrevivente após a queda de Tróia, ainda experimenta o ressentimento de Hera.

Deusa do casamento

Hera tem ainda maior significado como deusa do antigo casamento grego e é considerada o ideal da mulher casada. Seu real é considerado o modelo para todo casamento feito na terra, e a fidelidade conjugal está sob sua proteção.

Crianças

Os filhos que resultaram do casamento de Hera com Zeus foram Hephaistos, Ares, Hebe e Eileithyia. Diz-se que Hephaistos nasceu quando o casamento de Zeus e Hera também era um segredo para seus pais. Hebe e Eileithyia simbolizam, respectivamente, a floração, a vitalidade juvenil e a assistência às mulheres estéreis.

Sítios de culto

Hera foi especialmente homenageada na cidade de Argos e nos festivais celebrados lá, Heraea, que foram acompanhados de jogos públicos. Daqui, o serviço da deusa espalhou-se pelo Peloponeso, com templos em Olímpia, Corinto, Tiryns e Perachora, entre outros. Argos e as cidades próximas de Mykenai e Esparta já são mencionadas por Homero como as cidades favoritas de Hera. Além disso, o culto de Hera era central nas ilhas de Delos e Samos, onde se diz que Zeus e Hera se casaram em segredo. Em Lacinium, no sul da atual Itália, perto de Kroton, havia também um templo dedicado a ela.

Atributos

A vaca, e o pavão foram dedicados a Hera, e particularmente a romã como símbolo de vida. Ela era freqüentemente retratada com um pavão, uma criança ou uma equipe. O pavão tinha em sua cauda os olhos de Argos, a quem Hera havia nomeado pastor sobre a vaca Io, na qual uma das amantes de Zeus havia sido transformada. Argos foi morto por Hermes e roubado de seus olhos. Hera é protetora de rebanhos e é chamada de "olhos de vaca" por Homero.

Hera nas artes visuais

Hera é freqüentemente representada sentada em um trono, ou vestida com uma túnica com uma coroa na cabeça. Em sua mão, ela segura muito frequentemente uma romã, simbolizando a fertilidade. Uma famosa estátua de Polykletos a retrata sentada em um trono e usando uma coroa decorada com as imagens dos Caritas e dos Chifres. Em uma mão ela segura uma romã, e na outra seu cetro sobre o qual se encontra um cuco, outro símbolo de fertilidade.

Hermes

Deus com numerosos papéis e o mensageiro dos deuses

Seu homólogo na mitologia romana era Mercúrio.

Hermes (grego antigo: Ἑρμῆς, também *Hermeias* Ἑρμείας, Dorian: Ἑρμᾶς) é uma figura da mitologia grega. Ele é um filho do deus chefe Zeus e da ninfa Maia da montanha e é particularmente conhecido como o deus do comércio, dos viajantes, das estradas e dos ladrões. Ele é também o mensageiro dos deuses.

Originalmente, ele era uma divindade fálica e, vindo da terra pastoral de Arcádia, Hermes era também o *nômio*, o deus das pastagens, protegendo pastores e rebanhos. Mais tarde, porém, muitas outras qualidades e atributos foram atribuídos a Hermes. Por exemplo, ele assumiu o papel de mensageiro dos deuses de Iris, o que também fez dele Hermes Psychopompos: o guia da alma que levou almas ao submundo.

Suas constantes viagens o tornaram patrono dos viajantes, sua aparência atlética e juvenil o tornaram patrono dos atletas e dos esportes, e suas escapadas juvenis (ver: Mitos ao redor de Hermes) o tornaram patrono dos ladrões. Como ele flutuava constantemente pelos ares com a ajuda de seus atributos alados, Hermes tornou-se o deus do tráfego e do comércio, e sua eloquência também mereceu a reverência de Hermes: ele se tornou o deus da eloquência. Finalmente, Hermes também foi considerado o deus do sono e dos sonhos: ao tocar seu caduceu, ele podia fazer as pessoas adormecerem e acordarem.

Hermes, entretanto, não era apenas uma divindade altamente atlética: mais tarde as pessoas até viram nele o inventor da escrita, da matemática e da astronomia. E todo tipo de outras coisas úteis e agradáveis também foram atribuídas ao Hermes, tais como a lira, a flauta e os pesos e medidas. Ele também era patrono dos pintores.

O mercúrio é freqüentemente identificado como o equivalente de Hermes na mitologia romana. No entanto, isto não é totalmente correto. É verdade que Mercúrio foi inspirado por Hermes; afinal de contas, ele é o deus do comércio e também carrega os atributos de Hermes. Mas os gregos mal reverenciavam Hermes como um deus do comércio; com eles, ele era principalmente o deus dos viajantes e mensageiro dos deuses. Assim, equiparar Hermes e Mercúrio não é correto: a ênfase dos dois deuses é bem diferente.

Hermes e Apollo

Hermes nasceu em uma caverna na Arcádia. Logo após seu nascimento, ele inventou a lira amarrando a casca de uma tartaruga com cordas. Momentos depois, ele escapou de seu berço e escapuliu da caverna. Não muito depois, ele encontrou um grande grupo de gado que pertencia à Apollo. Hermes pensou que eram lindas bestas e decidiu levá-las com ele.

Um pastor que observava tudo isso, ele se viu obrigado a jurar que jamais contaria. O pastor, chamado Battus, jurou isto ao jovem deus e Hermes continuou seu caminho de volta à sua caverna de nascimento. Quando Apolo descobriu que seu gado havia sido roubado, forçou Battus a dizer-lhe quem os havia roubado.

Apolo foi para a caverna onde Hermes estava agora deitado em seu berço e ordenou que ele devolvesse suas vacas. Enquanto Hermes e Apollo caminhavam até onde Hermes havia escondido o gado, Hermes tocava uma melodia em sua lira. Apollo ficou tão impressionado com o instrumento musical que pediu a Hermes que lhe desse o instrumento como presente. As coisas não terminaram tão bem para o pastor Battus, que foi transformado em um bloco de pedra por Hermes por causa de sua infidelidade.

Mais tarde, o relacionamento entre os irmãos Hermes e Apollo melhorou consideravelmente. Apolo até mesmo deu a Hermes seu caduceu, o pessoal embrulhado em cobras, que tem sido um atributo permanente de Hermes desde então.

Hermes e Argos

Uma vez houve uma bela ninfa chamada Io, que entrou ao serviço de Hera como empregada doméstica. Ela era verdadeiramente linda e Zeus logo lhe deu uma fantasia. Hera, que percebeu que Io era uma bela mulher, aos poucos foi ficando com ciúmes. Para proteger Io do ciúme de Hera, Zeus a transformou em uma vaca. Entretanto, Hera percebeu isso e ordenou que Zeus lhe desse a vaca como um presente, e então ela deu a vaca ao pastor Argos. Argos era um gigante com cem olhos e mesmo quando dormia, ainda tinha dois olhos para vigiar seu rebanho.

Apesar deste contratempo, Zeus não se sentou, mas ordenou ao esperto Hermes que libertasse Io. Hermes, incapaz de ignorar um pedido do deus chefe, partiu para Nemea, a cidade onde Argos mantinha Io cativo. Após uma breve conversa com Argos, Hermes tocou uma música em sua flauta, tão soporífera que até mesmo os dois últimos olhos de Argos fecharam. Hermes então cortou a cabeça de Argos e libertou Io. Quando Hera percebeu isto, ela enviou um vespeiro que mandou a pobre vaca correr; Io correu por todo o país até finalmente pular no mar no Epirus; este mar foi mais tarde também chamado de Mar Jônico. No Egito, Zeus devolveu Io à sua forma normal. Nem o cadáver de Argos ficou intocado: Hera pegou todos os cem olhos e os aspergiu sobre a cauda de seu pavão preferido.

Héstia

Deusa do coração, do lar, e da família

Héstia está associada com a deusa romana Vesta.

Hestia (grego antigo: Ἑστία, *Hestía*; jônio: Ἱστίη, *Istía*; também conhecido como Ἐξία, **Hexía** e Ἑστρία, **Hestría**) é um personagem da mitologia grega. Ela era a filha mais velha de Kronos e Rheia e, portanto, também a irmã mais velha de Zeus. No entanto, na crença popular dos gregos, ela era a mais jovem das divindades, que vivia no Olimpo, porque em nenhum dos poemas de Homero é mencionado seu nome. Como a mais velha, ela seria engolida primeiro por seu pai (Kronos) e cuspida por último, de modo que em seu "segundo nascimento" ela era a mais nova

Etimologia e poderes

Héstia é, antes de tudo, a deusa do fogo e, mais especificamente, o coração doméstico. Onde não se encontra um coração, não é possível uma sociedade acolhedora e ordenada. Isto é, portanto, fundado e promovido por ela, e que tanto entre os deuses como entre os humanos. Assim, quando se traz também o significado de seu nome para o resgate, chega-se à explicação do que Héstia era como deusa da natureza. Seu nome a designa como a deusa "que dá firmeza". Ela é assim provavelmente originalmente uma personificação da terra, como o trono sólido, sobre o qual os deuses do Olimpo construíram suas moradas eternas e que é, por assim dizer, o coração do universo, acima do qual o fogo do éter arde.

No entanto, seu significado como uma deusa da natureza na mitologia grega desvaneceu-se completamente para o fundo. O fogo, do qual Héstia era ou a personificação ou o protetor, logo significou um fogo sacrificial, como foi encontrado no braseiro doméstico de todas as casas gregas. No lar doméstico, de acordo com costumes ancestrais antigos, cada proprietário fazia oferendas em benefício de sua família como um sacerdote dos deuses. Cada evento especial na vida da família deu origem a uma oferta, feita a ela. Assim, as pessoas se sacrificaram para a Héstia na viagem, no retorno para casa, na acolhida de novos membros, até mesmo escravos, especialmente no nascimento de crianças, na entrega de seus nomes, no casamento e na morte. Uma peculiaridade do lar doméstico, que é uma forte prova da grande reverência, acarinhada por Héstia, reside no fato de que, como seu altar, era um asilo, onde o estranho, até mesmo o inimigo, encontrava um refúgio seguro. Todos os que ficaram na casa e se sacrificaram em seu altar tinham o mesmo direito à sua proteção. Zeus também tinha um ponto fraco por sua irmã mais velha e punia todos aqueles que não atendiam aos pedidos dos necessitados. Assim, ela também se tornou a deusa da hospitalidade. Diz-se também que Héstia ensinou arquitetura aos humanos quando viu que os humanos tinham que se abrigar nas cavernas da chuva, o que seu irmão causou.

A casa é a fundação do Estado. Portanto, é evidente que a deusa, que se deixou adorar no centro do círculo doméstico, também se tornou a protetora do estado, que cada estado também tinha um coração comum, no qual eram feitos sacrifícios à Héstia em prol da prosperidade comum.

Várias sociedades e irmandades, que emanavam do Estado, cada uma tinha seu próprio altar, sobre o qual eram feitas oferendas à deusa, mas cada Estado também tinha seu próprio altar, que era dedicado à Héstia. Aquele altar estava no Prytaneion, originalmente a casa, onde o rei vivia, depois o edifício, onde o governo estava localizado. Naquele altar foi mantido um fogo eterno em honra de Héstia, e a queima através daquele fogo dependia da salvação do Estado. Era um costume marcante para os colonos que vinham da Grécia para o exterior levar uma parte do fogo do altar de Héstia com eles para acender o fogo no altar erigido em sua honra no Prytaneion da *polis que iam* encontrar, a fim de manter a estreita ligação entre *metrópole* e colônia através desta adoração.

E tanto quanto cada estado grego tinha seu próprio altar e seu próprio culto a Héstia, assim toda a Grécia juntos tinha um santuário separado dedicado a ela. No templo de Apolo, em Delfos, estava seu altar mais famoso. Esse era o centro de sua adoração. Um fogo eterno também foi mantido ali. Acreditava-se que no lugar onde o altar de Héstia ficava em Delfos, podia-se ver não só o centro, ou como os gregos diziam, "o umbigo" de toda a Grécia, mas até mesmo de toda a terra. Quem veio a Delphi para buscar conselhos do oráculo começou oferecendo seus sacrifícios neste altar. Foi naquele altar que Orestes foi limpo de seu crime pela Apollo. Nesse altar também sacrificaram os cantores, que esperavam receber da Apollo o dom da poesia. O fogo que ardia ali em honra da deusa era, segundo os gregos, por assim dizer, a imagem espelho do fogo que ardia no coração sagrado da morada de Zeus no Olimpo.

Pura e limpa como o fogo é, era também a essência da deusa. É por isso que ela sempre permaneceu virgem. Ela havia prometido permanecer assim, tocando com a mão a cabeça de Zeus, da qual a virgem Atena havia emergido. Esta é precisamente a grande distinção entre ela e Gaia, a mãe alimentadora de tudo e de todos, que nunca deixa de dar vida a novas criaturas.

Em quão alta honra ela ficou com os gregos, também é evidente a partir disto, que a saga contou que Apollo e Poseidon tinham vaidosamente viciado a mão dela.

O culto de Héstia

Por maior que fosse a posição da Héstia entre os gregos, sua adoração era muito simples. Os templos só para ela eram poucos, pois cada lar ardente e cada altar eram seus símbolos. Muitos templos também tiveram um altar separado erguido para ela. Em geral, os sacrifícios solenes começaram com uma oferenda à Héstia, e ela também foi homenageada na conclusão da cerimônia. Segundo uma antiga lenda, quando o mundo estava dividido após a vitória sobre os Titãs, Héstia havia exigido para si uma virgindade eterna e as primícias de todos os sacrifícios. Assim, ela recebeu sua parte de cada oração, cada ato religioso, cada sacrifício, e cada refeição festiva subseqüente.

Seus principais locais de culto foram Atenas, Oropos, Hermione, Esparta, Olympia, Larissa e a ilha de Tenedos no Mar Egeu.

Héstia nas artes visuais

Obviamente, os escultores tiveram que se esforçar para fazer a deusa parecer séria, casta e digna. Às vezes ela era representada sentada, às vezes em uma posição calma e em pé. A estátua mais famosa da deusa que sobreviveu da antiguidade foi no Palácio Giustiniani em Roma. A imagem à direita a retrata. O rosto da deusa tem características sérias. As roupas de roupa de ajuste apertado cobrem todo o corpo, o cabelo é feito de uma maneira muito simples, a parte de trás da cabeça e os ombros são cobertos com um véu. Uma mão é segurada contra seu lado como sinal de calma, a outra aponta para o céu, que ela representa na terra através de seu poder e atividade onipresentes.

Poseidon

Deus do mar, da água e dos terremotos

Os romanos identificaram seu deus Netuno com Poseidon.

Na mitologia grega, **Poseidon** (grego antigo: Ποσειδῶν, Poseidôn; Doric: Ποτειδαν, *Poteidan*, Ποσειδάων, *Poseidáôn*) é o deus que governa o mar, as águas e seus deuses. Mas ele também era um deus dos cavalos e - como um "Agitador da Terra" - dos terremotos. O equivalente romano é Neptuno. Ele é freqüentemente retratado com um tridente.

Origem

O nome Poseidon, ao contrário da maioria dos outros deuses, tem uma derivação indo-européia. A primeira parte de seu nome é o vocativo do grego πόσις / pósis ("marido legítimo") ou indo-europeu *pot- ("lorde"): πόσει / pósei ou πότει / pótei. A segunda parte de seu nome é associada por alguns a δᾶ / dã ("terra") ou -δᾶν / -dãn (cf. Zeus, "deus").

Nos comprimidos de argila Linear B sobreviventes, o nome PO-SE-DA-O-NE ("Poseidon") ocorre com mais freqüência do que DI-U-JA (Zeus), o que parece indicar que o Poseidon era tido em grande consideração pelos micênios. No entanto, talvez precisemos matizar isso porque Poseidon parece ter sido o principal deus em Pylos, onde um grande número dessas pastilhas foi encontrado. Uma variante feminina, PO-SE-DE-IA, também foi encontrada e, presumivelmente, indica uma deusa parceira desaparecida. Os quadros de Pylos relatam ofertas que foram endereçadas às "Duas Rainhas e Poseidon" e às "Duas Rainhas e o Rei", embora *wa-na-so-i* seja considerado um lugar ou edifício por Chadwick. Se "Duas Rainhas" se refere às deusas, provavelmente se refere às deusas da terra Demeter e Persephone ou suas predecessoras, deusas que não mais foram associadas a Poseidon em períodos posteriores.

Poseidon já era conhecido como um "Earth Shaker" - E-NE-SI-DA-O-NE - em Micenas Knossos, um atributo poderoso quando se sabe que os terremotos tinham acompanhado o colapso da cultura paleica minóica. Notavelmente, nenhuma ligação entre Poseidon e o mar tem sido encontrada até agora na própria cultura micênica dependente do mar. Isto sugere que Poseidon era originalmente um deus quotônico (ou seja, um deus relacionado à terra), que só mais tarde ganhou sua autoridade sobre o mar.

Isto também é evidente nos mitos. Poseidon nasceu o filho de Kronos e Rheia, do qual também derivou seu epíteto Kronios. Junto com seus irmãos, ele foi supostamente devorado por seu pai, que os vomitou quando seu filho mais novo Zeus o destronou. Segundo outros, após seu nascimento, Rhea o escondeu entre um bando de cordeiros e sua mãe fingiu ter dado à luz um jovem cavalo, que ela deu a Kronos para devorar. Uma fonte perto de Mantineia, onde se diz ter sido escondida Poseidon, chamada *Arne* ou "Lam(sbron)", diz-se ter tirado seu nome disso. De acordo com Ioannes Tzetzes, a enfermeira de Poseidon levava o nome Arne. Quando Kronos procurou por seu filho, diz-se que Arne disse que não sabia onde ele estava. Diz-se que a cidade de Arne tomou seu nome. Segundo outros, porém, ele foi criado pelos Telchins a pedido da Rhea.

Após a vitória sobre os Titãs e o estabelecimento da regra de Zeus, quando o mundo estava dividido pelo destino, o mar tinha sido designado para Poseidon. Ele teria assim entrado em associação com esse elemento por acaso. Entretanto, isto precisa ser matizado: embora houvesse um importante componente qutônico no ser de Poseidon, sua conexão com a água em todas as suas formas terrestres era uma parte igualmente essencial dele.

Culto

A adoração de Poseidon na Grécia era muito geral. Praticamente todas as tribos gregas e todas as paisagens gregas estavam, embora de maneiras diferentes, intimamente relacionadas com ele. Primeiro Tessália, que devia sua existência e sua formação, por assim dizer, a grandes inundações e terremotos tempestuosos, onde o próprio deus, ao rasgar as montanhas, tinha fornecido o excesso de água com uma passagem para o mar, depois Boécia, que estava tão ricamente abastecida de água e em parte em suas grandes tigelas de água, como o lago Kopaïs, tinha experimentado em grande parte a influência do deus. Ambos os países eram habitados pela tribo dos minyans, conhecida por sua natureza cavalheiresca e pela luxúria de excursões marítimas aventureiras. Mais adiante no Peloponeso, onde no Istmo, criado por assim dizer para o comércio marítimo, com sua grande cidade comercial de Corinto, o culto ao deus, que podia dar todos os bons presentes, mas também podia infligir os maiores desastres, ocupava um lugar proeminente na vida religiosa, como é óbvio. A estreita faixa costeira, localizada no extremo norte do Peloponeso, era quase inteiramente propriedade do deus. O templo de Poseidon em Isthmos também apresentou o primeiro navio já construído, o Argo. Ali, após suas gloriosas vitórias sobre os persas, que lançaram as bases para seu poder naval, os gregos dedicaram a ele uma estátua colossal de cobre. Mas também no interior do Peloponeso, em Arkadia, onde os rios às vezes desapareciam no subsolo, depois de repente reapareceram, onde bacias subterrâneas foram encontradas em cavernas profundas, Poseidon gozava de grande veneração.

Em Troizen, ele foi venerado como *basileu* ("rei") e foi lá que se diz que ele foi pai de Theseus, o último rei de Atenas. Ele também foi venerado como *wanax* ("rei", "líder") em Corinto.

Pela posse de Atenas, ele havia lutado com a deusa Pallas Athena, e embora também tenha sido vencido por esta última, ele havia deixado as marcas de sua estada. Ainda o lugar aos pés da Acrópole é apontado onde ele atingiu a terra com seu tridente. No entanto, na adoração ele aparece como completamente reconciliado com Atena, e foi quase apenas a gloriosa escultura na superfície da empena do Pártenon que preservou a memória daquela batalha. Em Atenas, portanto, uma magnífica festa foi celebrada em sua homenagem, o Poseidon.

Da mesma forma, o serviço do deus estava disperso nas colônias gregas. Por um lado, ele foi celebrado nas colônias jônicas, durante os Panioni, realizados em sua homenagem no promontório Mykale, na Ásia Menor, onde está localizado o santuário do Poseidon Helicônico. Eles consideraram esta sua maior festa religiosa. Ele também era adorado nas colônias Dorian, mas aqui a interferência e a confusão com o culto oriental não pode ser negligenciada. É evidente que a um deus que era adorado em tantos lugares, foram atribuídos atributos e atividades muito diferentes, e que não em todos os lugares os mesmos traços de seu ser eram igualmente proeminentes.

O mês de dezembro/janeiro, no qual o mar se revela em sua força mais impetuosa, recebeu o seu nome *Poseideōn* (Ποσιδεών, mais tarde Ποσειδεών) no calendário do Sótão. Nos outros calendários da Grécia Antiga, no entanto, ele não tinha um mês com o seu nome.

Imóveis

A casa de Poseidon não fica no Olimpo, ao qual ele tem acesso, mas com seu consorte Amphitrite ele residiu em seu palácio dourado em Aigai, localizado nas profundezas do mar.

Antes de mais nada, deve-se ressaltar que Poseidon está entre aqueles deuses que perderam seu significado como deus da natureza o mais cedo possível. Já entre os poetas mais antigos, ele aparece como o governante do mar, em nenhum lugar como uma personificação do próprio mar. Seu poder, no entanto, é limitado. Segundo Homero, ele é o irmão mais novo de Zeus, de modo que sua subordinação a este último corresponde aos princípios da lei patriarcal. Em contraste, com Hesiodos, Zeus é o mais jovem dos filhos de Kronos e Rheia, porém mais sábio e mais forte do que os predecessores. Poseidon carece da alta e impressionante compostura e sedação do governante dos céus.

Por mais poderoso e forte que ele seja, ele é tão impetuoso quanto o elemento sobre o qual ele governa. Se ele ataca o mar com seu tridente, que sempre carrega na mão como sinal de sua dignidade, as ondas sobem impetuosamente, esmagando navios e inundando a terra por toda parte. Com o mesmo tridente pode dividir rochas, causar terremotos e levantar ilhas a partir do mar. Em contraste, mesmo uma palavra, sim, um olhar dele é suficiente para acalmar a tempestade mais feroz. Quando ele monta sua carruagem dourada, com cavalos fortes equipados com cascos de cobre, sobre a planície do mar à velocidade do vento, então mesmo as ondas mais altas fazem um caminho suave para ele e as monstruosidades monstruosas da profunda ascensão e dança ao redor de sua carruagem. Esta característica de seu ser inclui também as batalhas que travou com outras divindades pela posse de regiões ou cidades, como com Pallas Athena sobre Atenas (cf. *supra*) e Troizen, com Helios

93

sobre Corinto, com Hera sobre Argos. Uma prova de seu poder são também os monstros marinhos, que ele pode conceber e que só podem ser satisfeitos com sacrifícios sangrentos (por exemplo, Hesione e Andromeda.), os touros selvagens, que vêm do mar ao seu comando para devastar os campos e matar o povo, como o touro cretense ou maratoniano ou como o touro que causou a morte de Hippolytos.

Por outro lado, seu poder também faz dele o protetor de todos os barqueiros e pescadores. Estes rezam a ele por uma viagem feliz e uma pesca rica, e não deixam de lhe oferecer sacrifícios no sucesso de seus esforços. A guerra marítima também estava sob seu domínio. Ele deu a vitória na batalha naval. Portanto, todos os heróis do mar costumavam se considerar seus favoritos, às vezes até mesmo seus filhos.

Um segundo traço no ser de Poseidon é que ele sacudiu a terra mas, por outro lado, também a segurou e carregou com seus poderosos braços. Quando os deuses participaram da batalha por Tróia, Zeus lançou seu relâmpago do céu, mas Poseidon sacudiu a terra, de modo que ela tremeu em seus fundamentos, e Aïdoneus, o príncipe dos fantasmas, temia que o deus do mar rasgasse a tampa de seu reino escuro e a abrisse para o olhar dos deuses e dos homens. Então todos os terremotos foram atribuídos a ele, e onde grandes fendas ou fissuras foram encontradas nas rochas, onde penhascos íngremes subiram ao mar, ali as pessoas pensaram que poderiam reconhecer os vestígios do tridente de Poseidon. Este foi especialmente o caso da ilha de Nisyros, que, segundo se dizia, tinha sido arrancada da ilha de Kos por Poseidon no Gigantomachy e atirada à cabeça de um dos Giants.

Atenas não era o único lugar onde o tridente do deus havia deixado três grandes aberturas na terra como sinal de sua presença.

Muitas vezes, ele também fez com que ilhas se levantassem do mar, tais como Rodes, Anaphe, Delos, e como um hábil mestre-de-obras, ele as fez descansar sobre sólidos alicerces, que foram fundamentados no fundo do mar. Assim também ele construiu os portões de cobre que fecharam os Tartaros, nos quais Zeus tinha lançado os Titãs e os Hekatoncheires. Da mesma forma, ele ajudou o rei Laomedon de Tróia na construção das muralhas de sua cidade e o puniu severamente quando ele não pagava o salário estipulado para o trabalho. Essa falta de fé do rei fez de Poseidon o inimigo dos troianos para sempre.

Poseidon é também o deus que dá fertilidade à terra, que espalha bênçãos pelas nascentes e rios que ele cria, sim, às vezes dá nascentes cuja água pode curar os doentes. Especialmente em regiões que geralmente eram pobres em água, esta característica de seu ser veio à tona; assim em Arkadia e Argolis. Esta última paisagem carecia do favor de Deus, por isso foi chamada na saga, pois Inachos a havia atribuído a Hera e não a Poseidon, mas em um lugar a água clara de uma nascente ainda borbulha do solo; é lá, onde Poseidon desfrutava do amor de Amymone, a filha de Danaos.Talvez por este traço também se deva explicar o grande número de crianças a ele atribuídas (cf. *infra*).

A criação do cavalo é atribuída a ele, a criação de cavalos, a equitação e todos os exercícios de cavalaria relacionados estavam sob sua proteção. Especialmente os cavalos de pastoreio, os rebanhos de cavalos, estavam sob os cuidados de Deus, de fato isto se estendeu a todos os rebanhos em geral.

Há várias lendas sobre a origem do cavalo. Às vezes lemos que Poseidon o fez aparecer ao golpear uma pedra com seu tridente, outras vezes ele é trazido pela terra que ele fertilizou. O primeiro cavalo assim criado foi chamado Areion, ao qual, no entanto, outras lendas atribuem uma origem diferente. Pertenceu primeiro a Heracles, depois a Adrastos, que geralmente era considerado responsável pela domesticação do cavalo; ele tinha aprendido a liderá-lo e a aproveitá-lo. Mas ele teve que compartilhar esta honra com outras deidades, especialmente Athena, que também foi considerada a inventora da rédea, circunstância que deu origem a uma veneração comum das duas deidades, que anteriormente se pensava serem hostis uma à outra. No entanto, Poseidon tinha antes de tudo o direito ao nome de *Hippios*, ou seja, "o deus dos cavalos", e a seus favoritos ele deu como presentes belos cavalos. Assim, os cavalos com os quais Idas conseguiu salvar Marpessa da perseguição de Apolo, assim, segundo alguns dos cavalos, com os quais Pelops conquistou a vitória sobre Oinomaos, enquanto outras lendas, por outro lado, chamam precisamente os cavalos de Oinomaos de um presente de Poseidon, especialmente Balios e Xanthos, os dois cavalos de Achilleus. Estes cavalos, que haviam surgido de Poseidon, ou haviam sido dados por ele a seus amigos, não só eram alados, mas também possuíam o poder da fala.

Escusado será dizer que o deus que estava em tão estreita relação com o cavalo era também o deus de todas as raças, seja com cavalos ou com cavalos e carruagens. Sobressair nisto, ter belos cavalos, equipá-los de forma magnífica para os desfiles realizados em alguns festivais religiosos, ou de forma expedita para a batalha, foi um ponto de honra entre os consideráveis e ricos gregos, especialmente entre os atenienses. Tudo o que estava relacionado com ele estava sob os cuidados de Poseidon, e parece, que em todos os lugares onde o deus era adorado, as raças eram periodicamente realizadas em sua honra. Mais tarde, dois desses concursos cresceram em estatura a tal ponto que deixaram todos os outros muito para trás, primeiro de tudo isso em Onchestos, na Boécia, às margens do Lago Kopaïs, uma cidade inteiramente dedicada ao serviço de Poseidon. Havia uma floresta sagrada, onde todos os cocheiros costumavam aproveitar seus cavalos, e até mesmo o cavalo mais feroz e selvagem se acalmou ao entrar naquela floresta. Mas ainda mais gloriosos que essas raças foram os Jogos Istmian, que se tornaram um dos quatro Jogos Panhellênicos dos gregos. Com Poseidon, Melikertes era assim adorado, e sua adoração misturava peculiarmente alguns costumes estranhos e alienígenas entre o serviço grego de Poseidon. Os Jogos de Isthmian eram muito antigos. Dizia-se que tinham sido estabelecidos pelo rei Sísifos de Corinto. Os coríntios os governaram. A coroa dada aos vencedores era anteriormente de hera, mais tarde de ramos de pinheiro, ambos destinados a marcar a triste morte de Melikertes.

Relações amorosas e filhos

Por sua legítima esposa Amphitrite, ele teve um filho e três filhas: Triton, Rhode, Kymopolea e Benthesikyme.

Os filhos do poderoso e impetuoso deus são criaturas poderosas e ferozes, assim o ciclope Polifemo pela ninfa Thoosa, assim o grande Kyknos, que foi derrotado por Achilleus, assim Amykos, que caiu pelo punho de Polideus, assim Korynetes, Prokrustes, Kerkyon e Skiron. Ele odiava Odisseu porque havia cegado seu filho Polifemo.

Não havia nenhum lugar onde Poseidon fosse adorado sem que se falasse das mulheres, sejam elas de ascendência divina ou humana, que ali haviam demonstrado seu amor a ele e lhe haviam dado filhos. No entanto, parte da razão para isto é o desejo de atribuir a descendência divina aos *heróis*, que foram considerados o progenitor de uma linhagem ou o fundador de uma *polis*. Assim, Poseidon é mencionado como o pai de Pelasgos, Hellen, Achaios, Minyas, Boiotos, Doros, Taras, Kalaurios. Diz-se que a ilha de Kalauria recebeu o nome desta última, onde havia um santuário para Poseidon que era o centro de uma anfíbia precoce.

O amor de Poseidon por Arne, isto é, "o cordeiro", que lhe deu Boiotos, e o mito que dizia que o deus se transformou em um carneiro para se ligar a Teofânio, a quem ele havia dado a forma de uma ovelha, e conceber dela o carneiro com o velo de ouro (ver Phrixos.), são exemplos da estreita relação em que se pensava que o deus estava relacionado com estes animais.

Quando Poseidon concebeu o amor por Tiro, a bela filha de Salmoneus que ela mesma amava o deus do rio Enipeus, e o deus se uniu a ela sob seu disfarce, ela lhe deu à luz gêmeos Pelias e Neleus, que ela abandonou em meio a uma manada de cavalos de pasto. A primeira foi amamentada por uma égua, mas ambas foram criadas entre cavalos e tornaram-se fortes heróis, que tiveram prazer em todos os exercícios de cavalaria, espalharam o cultivo de seu animal favorito a serviço de Poseidon, Pelias em Tessália, Neleus em Pylos, e foram ambas altamente abençoadas por seu pai. Da mesma forma, Hippothoön, o filho que Alope, filha de Kerkyon, aborreceu a Poseidon, foi fundido por ela e amamentado por uma égua.

A saga de Melanippe, que abandonou os gêmeos Aiolos e Boiotos, que ela deu ao deus, em uma vacaria, onde foram amamentados por uma vaca e guardados por um touro, alude em algum grau à proteção dos rebanhos de Poseidon (cf. *supra*). Os destinos de Melanippe e seus filhos eram um dos temas favoritos dos trágicos poetas.

Em uma lenda nativa de Corinto, Poseidon é o pai do cavalo alado Pegasus, que ele gerou com o Gorgo Medusa. Quando aquele cavalo foi posteriormente dado a Bellerophon para seu uso, Poseidon o ensinou a domá-lo e controlá-lo.

Ele também é pai de Chrysaor, o lutador muito forte, literalmente: ele com a espada de ouro.

Entre os que ele amava também estavam Líbia, Agenor, Belos, Iphimedeia, Aloeus e Molione.

Segundo Platão, Poseidon teve cinco filhos gêmeos da mulher Kleito e, para reforço, construiu anéis em uma colina, três de água, dois de terra, que se tornariam a capital da Atlântida. Seu filho mais velho era Atlas, que governava sobre os príncipes, seus nove irmãos. Juntos eles governaram a ilha, outras ilhas no Atlântico, o "continente que encerra o Oceano" e territórios dentro dos Pilares de Hércules. Seus descendentes se degradaram pela ânsia de poder e quiseram anexar mais território no leste. Os antigos gregos de 9600 AC, de acordo com Platão, conseguiram derrotar os atlantes. Zeus acabou com a civilização atlântica com uma inundação e terremotos, mas no processo também destruiu a civilização ateniense dos gregos antigos. Segundo Platão, Sólon ouviu esta história dos sacerdotes egípcios de Saïs.

Atributos e símbolos

O deus foi, portanto, levado a uma estreita relação com o mundo animal. Aqueles animais eram especialmente sagrados para ele, em cujos movimentos se pensava que se notava alguma semelhança com os movimentos das ondas do mar. Assim, as ondas que se chocavam contra os penhascos íngremes foram comparadas a cabras que ousavam saltar de um ponto rochoso para outro, e as outras ondas a touros de chifres tortos. Mesmo várias cidades, que foram santificadas ao deus, carregavam seus nomes depois disso, assim Aigai após a palavra grega *aix*, que significa bode, e Helike após *hélice*, que significa trompa tortos. Em outros lugares, cabras e cordeiros de pastoreio tomaram seu lugar.

Mas o animal favorito de Poseidon é o cavalo, seja porque ele salta como as ondas do mar, e também carrega como eles, ou porque, como o próprio deus, ele tem prazer nos prados molhados.

Entre os animais, o golfinho foi santificado, seu fiel companheiro no mar; entre as árvores, o pinheiro, cujos galhos serviram de prêmio no concurso celebrado em sua homenagem e cuja madeira é a madeira de madeira para navios. Como sacrifícios, os touros negros eram geralmente abatidos a seu serviço, também cavalos, carneiros e javalis.

Ele é normalmente retratado com um tridente, a arma que lhe foi dada pelos Ciclopes antes da batalha dos Titãs.

Nas artes visuais

Agora, quanto à representação de Poseidon pelas artes visuais, ela corresponde com bastante precisão às descrições dos poetas. Suas imagens têm muitas semelhanças com as de Zeus. Um tronco largo, fechaduras longas e olhos brilhantes são a marca registrada tanto do rei do céu quanto do governante do mar. Mas os artistas deram a Poseidon mais características faciais angulares do que as encontradas em Zeus e cabelos ligeiramente emaranhados na cabeça. A arte mais antiga o retratava vestido; em tempos posteriores, tornou-se cada vez mais comum retratar Poseidon nu também. Normalmente ele tem seu tridente em suas mãos e é acompanhado por um golfinho. Ou ele o segura com a mão ou coloca o pé sobre ele. Ele é freqüentemente representado montado em um touro, em um cavalo ou em uma carruagem, muitas vezes cercado por todos os tipos de criaturas marinhas. Às vezes ele se senta em um trono, às vezes - e este é especialmente o caso das estátuas colossais deste deus, muitas vezes encontradas perto de portos e em promontórios - ele é retratado de pé. Estas estátuas colossais também podem ser divididas em dois tipos: primeiro, aquelas que o retrataram com seu tridente levantado e o referiam como o deus do mar tempestuoso e dos terremotos e, segundo, aquelas estátuas nas quais ele, apoiando uma perna sobre uma rocha, olha para a distância à proa de um navio ou de um golfinho, dando a impressão do deus que, com poder autoconfiante, governa o mar, dirige o navio e o conduz para um porto seguro.

O Museu Nacional Arqueológico de Atenas abriga a antiga estátua de bronze de 2,09m de altura do "deus do mar", freqüentemente chamada de "Poseidon do Cabo Artemisão" (encontrada na ponta norte de Euboea). Enquanto isso, alguns historiadores de arte acreditam que é mais provável que seja uma estátua de Zeus, carregando um feixe de raios horizontalmente na mão vazia e levantada, já que Zeus era o único deus com este atributo. De fato, Poseidon não segurava seu tridente horizontalmente na representação antiga. Uma comparação com as faces de outras esculturas do estilo severo do século V a.C. apóia esta tese.

Zeus
Rei dos deuses e governante do Monte Olimpo | Divindade do céu

Os romanos identificaram seu deus principal, Júpiter, com Zeus.

Zeus (pronúncia comum na Holanda: *Zuis* ou *Zeus*; grego antigo: Ζεύς (*pronúncia do grego antigo:* Zdews), genitivus Διός ou Ζηνός) é uma figura da mitologia grega.

Ele é o deus chefe, que governou a partir do Monte Olimpo. Ele era um filho de Kronos (Lat. Saturno) e Rheia, dois dos 12 Titãs, os poderosos filhos e filhas de Ouranos, o deus do céu. A Kronos foi a sucessora de Ouranos. O equivalente de Zeus na religião romana é Júpiter.

Eleuthereus aparece para alguns escritores como um apelido de Zeus.

O significado de seu nome (Indo-Europeu *Djev = radiante, relacionado ao latim *morre* = dia) indica uma afinidade com a adoração do firmamento brilhante; a função mais essencial de Zeus é a deus do céu. A natureza e todos os seus fenômenos estavam sujeitos a ele. Ele lançou os relâmpagos, juntou as nuvens e as afastou; a chuva e a neve foram causadas por ele. Portanto, todos os tipos de altas montanhas foram considerados sua residência: o Ida em Creta, o Lycaeus na Arcádia, mas o mais famoso é o Olimpo na Tessália. A águia (originalmente um símbolo de relâmpago) era seu pássaro sagrado, o carvalho sua árvore sagrada, seu escudo era a égide. Usando seu relâmpago para provocar relâmpagos e trovões, assim como com um arco-íris e o vôo dos pássaros, Zeus deu presságios ao homem. No oráculo de Dodona, os sacerdotes podiam ouvir a vontade de Zeus ouvindo o barulho dos carvalhos na floresta sagrada de carvalhos dedicada a Zeus.

Desde cedo, talvez já no período micênico (c. 1600 a c. 1100 a.C.), ele se tornou a figura central do panteão grego e colocou os outros deuses em segundo plano. Seguindo o exemplo das cabeças de linhagens consideráveis na terra, eles apresentaram Zeus como o chefe da família dos deuses. Sua família também tinha sua morada no Olimpo e lhe obedecia. Assim, Zeus tornou-se não apenas o confirmador da harmonia na natureza, mas acima de tudo da ordem social. Os reis e príncipes derivaram seu poder de Zeus e foram responsáveis perante ele. Ele era o deus consultivo, protetor da assembléia pública e executor de juramentos. A família também estava sob seus cuidados: como Zeus Herkeios (= Protetor da corte), ele tinha um altar no pátio da casa. Especialmente hóspedes e estranhos estavam sob sua proteção.

A batalha de Zeus e Kronos

Zeus foi o único filho a escapar da voracidade de Kronos, que havia sido despertada quando Gaia previu que um de seus filhos o derrubaria um dia do trono. Para evitar isso, ele engoliu todos os seus filhos. Mas a triste Rheia conseguiu manter o nascimento de Zeus em segredo e o escondeu em uma gruta remota e escura em Creta, onde ele foi criado pelas ninfas. Lá ele bebeu leite da cabra Amalthea e as abelhas lhe trouxeram mel. Ida e Adrasteia, filhas de Melissa, cuidaram dele e os sacerdotes daquela região, os Koureten, também ajudaram a proteger o jovem deus. Eles guardaram a caverna e quando ele chorou, bateram com força em sua armadura para que Kronos não ouvisse.

Quando Zeus, adulto, confrontou seu pai com sua existência e exigiu que ele devolvesse seus filhos devorados, mas imortais, uma dura batalha pelo poder se acendeu. Foi entre Zeus, de um lado, e Kronos, com a maioria dos Titãs, do outro. Zeus libertou os Ciclopes e os cem gigantes armados, os Hekatoncheirs, da prisão de Kronos no Tártaro, assegurando

101

assim sua ajuda. Ele atirou sua arma principal, os relâmpagos feitos pelos ciclopes, para baixo do Olimpo e continuou a fazê-lo até sair vitorioso. Assim, Zeus obteve o domínio sobre o mundo. Os irmãos e irmãs de Zeus (Poseidon, Hades, Hera, Hestia e Demeter) engolidos por Kronos foram libertados dele. Com isso, uma nova geração de deuses, a dos deuses do Olimpo, chegou ao poder.

Zeus e os Giants

Uma segunda luta terrível pelo poder se acendeu quando a mãe primordial Gaia da Terra não podia mais suportar ver alguns de seus filhos mantidos em cativeiro no submundo; Zeus não os havia libertado porque eles haviam sido hostis a ele. Ela encorajou os Giants a travar a batalha pela supremacia celestial para ela com ele. Então estes gigantes se libertaram do submundo com grande violência e marcharam furiosa e excitada em direção às montanhas da Tessália.

Iris convocou todos os céus e até mesmo pediu a ajuda dos espíritos dos mortos. Todos os elementos foram sacudidos: o céu trovejou e a terra tremeu. Cada deus participou da batalha à sua maneira: Phoibos Apolo disparou flechas, Hephaistos atirou brasas brilhantes contra os monstros, Poseidon lutou com seu tridente, os mouros (deusas do destino) balançaram tacos, Heracles (Hércules) lutou bravamente, e o próprio Zeus atirou seus relâmpagos ardentes novamente para baixo. E no final, embora os gigantes em sua fúria tenham arrancado montanhas inteiras e empilhado umas sobre as outras, Zeus venceu a batalha e se tornou o governante do universo para sempre e incontestado, como Supremo no círculo dos deuses.

Hera e outros entes queridos

A esposa de Zeus era sua irmã, a deusa Hera, terceira filha de Kronos. Entretanto, para sua grande raiva e tristeza, Zeus foi frequentemente atingido pelas flechas do deus do amor eterno Eros e não pôde resistir ao amor de outras mulheres. Hera era muito ciumento e tentou de muitas maneiras dissuadir Zeus de suas escapadas amorosas, mas muitas vezes em vão: ele tinha pelo menos nove relacionamentos com deusas e 14 com mulheres mortais entre os homens. Ele foi pai de dezenas de filhos com eles. Ele até seduziu a adorável Europa, transformando-se em um touro e depois o raptando.

O amor masculino também não foi evitado na mitologia grega. Zeus, por exemplo, estava de olho em Ganímedes. A história tem sido frequentemente discutida em termos do papel da homossexualidade na cultura grega.

Filhos e filhas

Junto com Hera, ele tinha Ares, o deus da guerra. A filha de Zeus, a deusa do amor e da beleza Afrodite, ressuscitou da espuma do mar. Mas Afrodite também é freqüentemente vista como a filha de Ouranos, cujos genitais foram tirados por seu próprio filho e caíram no mar, do qual Afrodite emergiu. Hera lhe concedeu Hephaistos, o deus da forja, que soube domar o poder do fogo. Com Leto, uma filha do Titan Koios, Zeus teve dois filhos: Apolo, o deus da prosperidade e da ordem, protetor da lei e de tudo o que é bom e belo na natureza e entre os homens, e Ártemis, uma deusa protetora e salvífica da natureza. Ambos eram solteiros. O filho de Zeus, Heracles, nasceu na terra. Por Leda, ele foi pai dos gêmeos Castor e Pollux e sua irmã Helena, que desempenharam um papel importante na Guerra de Tróia. O mortal Tantalos, rei de Lydia, também era (provavelmente) um filho dele.

Finalmente, havia Pallas Athene, a filha preferida de Zeus, a deusa da sabedoria, pois ela havia surgido de sua mente depois que ele havia engolido a deusa Metis. Ela era, portanto, uma líder poderosa e sábia e patrona de estados e cidades em guerra e paz. Dionysos também era o filho de Zeus. Dionysos nasceu do quadril de Zeus. Dionysos é o deus do vinho e do relaxamento. Pelo mortal Danaë, ele foi pai de Perseu. Este último tornou-se mais tarde famoso por sua luta com a Medusa, na qual ele a decapitou.

A deusa Íris era a mensageira, através da qual a comunicação entre os deuses e os humanos acontecia. Hermes também foi mensageiro dos deuses. Ele escoltava os espíritos dos mortos até o Hades.

Arte e adereços

Na arte visual, Zeus é retratado principalmente como um homem digno e régio com barba e cabelos luxuriantes. Em representações mais antigas, ele usa uma coroa de folhas de carvalho, mais tarde uma coroa de louros. Seus atributos, dependendo da função na qual é representado, incluem um cetro, uma taça de sacrifício, uma águia ou um pequeno Nikè, um relâmpago e um globo terrestre.

A estátua mais famosa de Zeus na antiguidade era a estátua sentada feita de ouro e marfim (considerada uma das sete maravilhas do mundo antigo,

conhecida por algumas moedas e por uma descrição de Pausanias;
perdida) feita por Phidias para seu templo em Olímpia.

Zeus entre os povos não gregos

Nos tempos antigos, havia muitos contatos entre os vários povos
marítimos, e eles adotaram muitos elementos das diferentes religiões uns
dos outros.

Assim, mesmo antes dos tempos helenísticos, Zeus era conhecido pelos
frígio e identificado com o deus Amon como o deus supremo, e por isso
também era adorado como Zeus-Amon. Amon era considerado um deus
tanto entre os egípcios quanto entre os povos líbios, com interpretações
diferentes.

Os romanos identificaram Zeus com Júpiter, os povos germânicos o
identificaram com Wodan e os povos escandinavos com Odin.

Titãs e Titãs

Cronus

Cronus foi mais tarde identificado com o deus romano Saturno.

Kronos (grego antigo: Κρόνος) ou **Cronos** (latinizado) é uma figura da mitologia grega. O equivalente na mitologia romana é Saturno. Ele é o mais jovem dos Titãs, filho de Ouranos e Gaia. Cronos é freqüentemente confundido com o deus primordial Chronos, que surgiu do caos, mas eles são duas entidades separadas e distintas, semelhantes apenas no nome.

Dominação mundial

O pai de Kronos Ouranos, invejoso de todos os seus filhos, jogou-os de volta nas profundezas da terra. A mãe de Kronos, Gaia, queria vingança e exortou Kronos a castrar seu pai. Esta Kronos fez com uma foice. Ele então se tornou governante no lugar de seu pai. Ele se casou com sua irmã Rhea, mas não queria que nenhum dos filhos nascidos deste casamento vivesse, pois seus pais lhe haviam profetizado que um deles o privaria de sua regra. Assim que as crianças nasceram, ele as devorou com pele e cabelo. Assim, ele engoliu sucessivamente Héstia, Demeter,

Hera, Hades e Poseidon. Quando Rheia estava grávida de Zeus, ela fugiu para Creta e deu à luz lá em segredo. Para enganar Kronos, ela lhe deu uma pedra envolta em tecido, que foi engolida por Kronos. Assim, Zeus foi poupado. Uma vez que Zeus cresceu, ele obrigou Cronos a ingerir uma mistura de vinho e mostarda e cuspiu todas as crianças por ele engolidas. Com a ajuda de seus irmãos, irmãs, alguns Titãs e outros aliados entre os deuses, Zeus subjugou e destronou Cronos e se tornou o rei dos deuses e dos homens. Junto com seus irmãos Hades e Poseidon, ele cortou Kronos em pedaços e o jogou dentro dos Tartaros.

Kronos e seus aliados foram aprisionados nas profundezas de Tartaros, cercados por uma noite de três/dois, e estritamente guardados pelos Ciclopes e Hekatoncheirs. De acordo com algumas fontes, eles foram posteriormente indultados e autorizados a permanecer nos campos Elísios. Outros mitos dizem que Zeus permitiu a fuga de Cronos para a Itália, após o que ele se tornou o governante da Itália lá.

Baal Hammon

O deus chefe Baal Hammon dos cartagineses foi identificado com Kronos na Interpretatio Graeca.

Gaea

Gaea, ou Ge, é a personificação da Terra como uma deusa

Gaia (grego antigo: Γαῖα, Γαῖη ou Γῆ) ou **Gaea** (latinizado) é uma figura da mitologia grega. Ela é a mãe primordial, a Terra, que surgiu do caos no início das coisas. O caos continha todos os constituintes básicos, os quatro elementos terra, água, ar e fogo. Destes, entre outras coisas, surgiu Gaia.

Características externas

Gaia, a deusa da natureza e da Terra, foi retratada como uma mulher gorda, muitas vezes levantando-se do chão, sempre apegada a ela. A própria Terra foi vista na mitologia grega como um disco plano (Terra plana), cercado pelo rio Okeanos (o oceano), suportando a cúpula do céu de Ouranos.

Descendência

De acordo com as sagas e mitos gregos, Eros levou Gaia a se ligar à água e ao céu, dando assim origem ao mar (Pontos) e ao céu (Ouranos). Além disso, os Titãs, os três ciclopes de um olho e os três gigantes de cem braços vieram da mãe Terra primordial. Estes últimos foram chamados Briareos, Gyes e Kottos e cada um também tinha cinqüenta cabeças. Eles também eram chamados de Hekatoncheirs. Os Titãs e os Cíclopes foram gerados por Ouranos.

Como mostrado na árvore genealógica, Gaia é a mãe de algumas espécies. Os titãs e os ciclopes. Há também outra espécie que as pessoas não têm certeza se é descendente dela. Ou seja, é sobre os gigantes.

O amor materno de Gaia tem um papel importante nas histórias. Quando Ouranos se sentiram ameaçados pelos ciclopes gigantes e os trancaram no abismo Tartaros, ela tentou proteger seus filhos dele. Ela pediu ajuda aos Titãs, mas apenas a mais nova, Kronos, atendeu ao seu chamado. Gaia deixou o ferro surgir em seu ventre terreno, fez uma foice afiada e a deu a Kronos como arma. Com ela, ele mutilou seu pai Ouranos e lhe tirou os reinados. Isto trouxe o crime e a violência ao mundo.

Este ato de violência teve outras conseqüências, pois das gotas de sangue que caíram na terra surgiram os Gigantes, um gênero gigante, e os Erinyes, as deusas hediondas da vingança. Além disso, um oráculo foi pronunciado sobre Kronos que um de seus próprios filhos também o deporia de seu trono. Seu filho Zeus realizaria de fato o oráculo.

Gaia desempenhou mais tarde outro papel importante na segunda grande guerra pela supremacia celestial, entre Zeus e seus oponentes, os monstruosos gigantes. Ela não suportava ver seus filhos atormentados no Tártaro e os exortava a lutar contra Zeus. Isso eles fizeram, mas sem sucesso. Zeus havia se tornado o grande governante do céu para sempre depois desta guerra.

Em outras religiões

A idéia de uma deusa da natureza é muito mais antiga do que a civilização grega. No entanto, não se sabe como os povos mais antigos a chamavam. Arqueólogos encontraram as chamadas figuras de Vênus da Idade da Pedra. Ainda hoje, ela é adorada pelas religiões pagãs, seja como uma deusa ou como uma força da natureza.

Atlas

Atlas (grego antigo: Ἄτλας - " o portador ", de τλάω / tláô, " carry, support ") é uma figura da mitologia grega. Segundo a lenda, o Atlas carrega o céu sobre seus ombros como castigo e está associado às montanhas Atlas, à Atlântida e ao Oceano Atlântico. Na realidade, ele pode ter sido o rei de Mauretânia.

Família de Deuses

Diz-se que o Atlas é o filho de Iapetus, Poseidon ou Ouranos. Atlas é o pai da Maia e, portanto, o avô de Hermes. As outras seis Plêiades também são filhas de Atlas e juntas são chamadas de "Atlantides" ("ides" é um sufixo grego; significa filho ou filha) . Calypso, que residia na ilha de Ogygia, no meio do oceano, também era filha de Atlas.

Punição

Atlas era uma das crianças do Titan Iapetus. Ao contrário de seus irmãos Prometeu e Epimeteus, Atlas lutou ao lado dos Titãs que apoiaram Cronos na guerra contra Zeus. Devido à idade avançada da Kronos, foi a

Atlas que liderou os Titãs na batalha. Como resultado, a Atlas recebeu uma punição especial de Zeus e foi condenada a ficar na borda ocidental da terra (Gaia) e carregar a abóbada celeste (Urano) sobre seus ombros, impedindo-os de sustentar sua união original.

Atlantis

Segundo Platão, Atlas era o filho mais velho do deus do mar Poseidon e a mulher Cleito e tinha nove irmãos sobre os quais ele governava como rei. Todos os dez tinham uma parte da Atlântida para governar, ilhas e territórios associados do continente ocidental e ao leste dentro dos Pilares de Hércules (nome atual: Rocha de Gibraltar). O Oceano Atlântico recebeu o nome da Atlântida. Seus descendentes distantes se degradaram e quiseram conquistar mais território no leste, por desejo de poder. Os antigos gregos de Atenas conseguiram evitar que, segundo Platão, por volta de 9600 AC. Zeus acabou com a civilização atlântica com uma inundação e terremotos, mas ao mesmo tempo a antiga civilização grega caiu com ela.

Segundo o historiador fenício Sanchuniathon, Atlas foi enterrado em um buraco profundo na terra por ordem de seu irmão Cronus, porque Cronus não confiava em Atlas. Tanto Cronus como Atlas eram filhos de Ouranos, segundo a história de Sanchuniathon.

Encontro com Heracles

A Atlas desempenha um papel nas doze obras de Heracles. Heracles foi ordenado a roubar as maçãs douradas da árvore no jardim das Hespérides, mas um mortal não podia fazê-lo impunemente, pois a árvore era um presente de casamento de Gaia para Zeus e Hera. Portanto, Heracles foi à Atlas, que de acordo com algumas fontes é o pai das Hespérides, e perguntou se ele escolheria as maçãs enquanto assumiria o cofre celestial dele por um tempo. Mas quando a Atlas voltou com as maçãs, este último não quis assumir novamente o cofre celestial e sugeriu que ele mesmo entregasse as maçãs. Heracles usou um ardil e perguntou se a Atlas assumiria o fardo por um momento para que pudesse colocar um pano sobre seus ombros para tornar o peso mais suportável. Quando a Atlas levantou o céu novamente por um momento, Heracles se afastou com as maçãs.

Em uma versão alternativa, Heracles construiu os pilares de Herakles que carregam o céu, libertando o Atlas de sua punição.

Origem das montanhas Atlas

Por Herodotos, Atlas já era equiparado às montanhas Atlas com o mesmo nome. De acordo com este mito, a Atlas tentou afugentar o Perseu perdido. Mas Perseu usou a cabeça da Medusa para transformar o Atlas em pedra, e quando ele caiu, as Montanhas Atlas foram criadas. Esta história não pode ser reconciliada com as histórias em que Atlas encontra e ajudou Heracles com suas 12 obras, porque Heracles é empregado pelo neto de Perseu Eurystheus.

Influência cultural

O Atlas também é retratado no Palácio na Praça Dam, em Amsterdã. De pé no frontão da fachada traseira do Nieuwezijds Voorburgwal, o Atlas torre o cofre celestial. Projetado por Artus Quellinus e fundado pelo famoso sineiro François Hemony Há também uma estátua do Atlas colocada no Salão do Cidadão, no lado oeste. Dizia-se às crianças que Amsterdã cairia se a Atlas deixasse cair seu globo.

Além disso, o Atlas é encontrado entre dois Fama em muitos relógios de cauda frisianos.

Prometheus

Prometheus (grego antigo Προμηθεύς) é uma figura da mitologia grega, que o classifica entre o gênero dos Titãs e o vê como o protetor ou mesmo criador do homem. Seus mitos são mais conhecidos das obras de Hesiodos e da tragédia *Prometeu encantado*, mas também de escritos posteriores de pseudo-Apollodoros e Ovídio. Seu nome significa "conhecer de antemão" ou "prever", ao contrário de seu irmão Epimeteus ("aquele que pensa depois").

Mitos

De acordo com a *Teogonia de* Hesiodos do século VIII a.C., Prometeu era filho dos Iapetos Titã e do Klymene Oceanídeo (ou Ásia), que mais tarde também se tornou sua amante. Outras fontes listam Themis como sua mãe. Além disso, ele era o irmão de Atlas e Epimeteus, entre outros, que se casou com Pandora. Prometheus devia sua imortalidade ao Cheiron, o centauro.

A *Bibliotheka* de pseudo-Apollodoros e as *Metamorfoses* de Ovid dizem que Prometeu e a deusa Atena criaram juntos os primeiros humanos a partir do barro na cidade de Panopeus. Nos tempos antigos, as pedras cor de areia próximas a esta cidade eram uma atração turística, que se dizia ser remanescentes de uma experiência de criação anterior da Prometheus. A criação foi encomendada por Zeus, que, no entanto, mais tarde, gostou menos da humanidade.

Durante uma disputa entre Zeus e os humanos sobre a distribuição de animais de sacrifício, a Prometheus se lançou como árbitro. Ele cobriu uma pilha de ossos com gordura de aparência saborosa, escondeu a melhor carne sob uma pilha de entranhas e depois deixou Zeus escolher primeiro. A divindade onisciente fingiu ser enganada e escolheu a primeira pilha. Por vingança, ele resolveu esconder do homem o segredo do fogo.

Quando se tratava da alocação de dons e habilidades, no entanto, os seres humanos já estavam em desvantagem. Tanto em termos de instintos de sobrevivência quanto de defesas naturais, outros seres vivos se encontravam muito melhor. Por amor à humanidade, Prometeu roubou o fogo dos deuses olímpicos e o deu aos humanos. Ele ensinou aos humanos a trabalhar o metal com ele e lhes ensinou ciência e arte. Prometheus foi retratado como um professor e inventor, que ensinou às pessoas o respeito mútuo e as ensinou a pensar adiante. De acordo com a tragédia do Sótão *Prometeu cativado* - provavelmente atribuído erroneamente a Aischylos - o Titã também desvendou um plano de Zeus para destruir a humanidade.

Zeus castigou Prometeu e os humanos por roubar o fogo proibido do céu. O nêmesis, 'justiça vingadora', caiu para o Titã: ele estava acorrentado a um pilar na cordilheira do Cáucaso e todos os dias o Ethon águia vinha para bicá-lo e comê-lo. À noite, o fígado voltou a crescer, para que o tormento pudesse recomeçar. O nêmesis pretendido como eterno chegou ao fim porque o herói Heracles, com a aprovação de Zeus, matou a águia durante sua décima primeira obra. Hesiodos não o menciona, mas de acordo com a *Prometheus algemada*, o cativo também foi libertado de suas correntes.

A punição para a humanidade também foi severa e não foi encurtada. Zeus mandou fazer a primeira mulher, Pandora, e a enviou com sua beleza, encantos e artimanhas para Epimeteus. Este titã de mau juízo havia sido avisado por seu irmão Prometeu para não aceitar presentes dos deuses, mas Pandora ele aceitou. Ela abriu o frasco que carregava e deixou escapar para o mundo a guerra, as doenças, a pobreza e outros males. Somente a esperança permaneceu no fundo.

A Prometheus tinha um filho Deukalion. A mãe era Pronoia ou Hesione, em qualquer caso uma filha de Okeanos. Deukalion casou-se com Pyrrha, a filha de Epimeteus e Pandora. Quando Zeus enviou um dilúvio para destruir a humanidade, Prometheus revelou o plano a Deukalion e Pyrrha para que eles pudessem se salvar em um caixão. A Prometheus aqui assumiu efetivamente o papel do Enki no épico do dilúvio da mitologia suméria. Deu-se o desembarque de Deukalion e Pyrrha no Parnassos após nove dias e trouxe à tona uma nova raça de humanos.

Divindades do céu

Phaëthon

Phaëton (grego antigo: Φαέθων), também chamado Phaëthon, é uma figura da mitologia grega. O heros Phaëton é um filho do deus sol Helios e Klymene (em alguma lenda, ele era o filho de Apolo e Klymene). Menops (ou Merops) era seu padrasto.

Mito

Helios (o Sol) utilizado para montar a carruagem solar todos os dias. Epafus (Apis) era o filho de Io e Júpiter (Zeus). Amante de Júpiter, Io havia fugido de Argólis para o Egito para evitar a vingança de Juno. No Egito, Io foi venerada como Ísis. Epaphus insultou Phaëton, que tinha a mesma idade que ele. Segundo Epafus, era mentira que Phaëton era o filho do Sol. O maior desejo de Phaëton, como prova de que ele era de fato o filho do Sol, era de andar nesta carruagem também, e um dia ele aproveitou a chance. Seu pai lhe havia dito que ele poderia pedir o que quisesse. Ele colocou Phaëton a auréola em sua cabeça. No entanto, os quatro cavalos solares com asas que respiram fogo Pyroïs, Eoüs, Aethon e Phlegon, notaram que alguém mais estava segurando as rédeas e aparafusado. A carruagem solar passou pela terra e o calor criou grandes lugares áridos: os desertos, Ovid escreve que a Líbia então se tornou um deserto. As montanhas pegaram fogo e 'queimaram nuas', os rios evaporaram e 'grandes cidades pereceram com muros e tudo; o fogo reduziu os países com seus povos inteiramente a cinzas'. Ovid menciona

25 montanhas, incluindo Etna, Alpes, Cáucaso e os Apeninos, e 24 rios pelo nome, incluindo o Eufrates, Ganges, Danúbio, Nilo, Reno e Ródano.

Antes que a Terra inteira estivesse em chamas, o deus supremo Zeus decidiu intervir. Ele jogou um raio em Phaëton após uma súplica da Mãe Terra, fazendo com que esta última caísse da carruagem, mergulhasse "como uma estrela" (cometa) no Eridanus e morresse. Os destroços das carruagens solares com fragmentos quebrados, toom, eixo da carruagem, árvore do leme, rodas etc., caíram na terra, os cavalos voltaram para o sol.

Lampetia, Phaëtusa e uma irmã sem nome, eram as três filhas de Helios e Neaera (as "Heliadas"), e portanto meias-irmãs de Phaëton. Depois que Phaëton pereceu, eles lamentaram sua morte. Suas lágrimas se congelaram em âmbar e as irmãs foram transformadas em choupos. Cycnus, amigo de Phaëton, governador das fortes fortalezas dos ligurianos, transformou-se em um cisne da dor. O sol usou roupas de luto durante muito tempo, privando a terra da luz do sol.

Urano

A personificação dos céus ou do céu | Deidade Primordial

Ouranos (grego antigo: Ουρανός) ou **Urano** (latinizado) é uma figura da mitologia grega. Ele é a personificação do céu. De acordo com Hesiodos, esta cúpula celestial paira tão acima da terra (Gaia) quanto os Tartaros (a parte mais profunda do submundo) se encontram abaixo dela. Uma bigorna de bronze levaria dez dias para cair de Ouranos para a superfície da terra. Ouranos raramente era retratado como uma pessoa.

O nome *Ouranos* é às vezes associado com a divindade hindu Varuna. Diz-se que ambos os nomes provêm de uma raiz indo-européia que significa "cobertura". No entanto, esta teoria não é muito difundida. A contrapartida romana de Ouranos é Caelus.

Origem e descendência

Ouranos é o filho e marido de Gaia, a Terra. Eles formam o par de deuses mais antigo e são responsáveis pela criação de muitas figuras mitológicas, incluindo os Ciclopes, os Titãs, os Hecatoncheirs e os Oceanídeos. Temendo por sua prole, Ouranos baniu os ciclopes, os Titãs e os Hecatoncheirs para o Tártaro. Finalmente, com a ajuda de sua própria esposa Gaia, ele mesmo é castrado com uma foice por seu filho, o Titan Kronos . Seus genitais caem no mar e da semente nasce Afrodite. Do sangue que salpica na terra, nascem os Erinyes (Fúrias), gigantes e Meliae (ninfas do freixo). Desde a castração de Ouranos, Kronos governa

119

o mundo com sua irmã e esposa Rheia até que Kronos, por sua vez, tem que dar lugar a seu filho Zeus.

Aeolus

Divino guardião dos ventos e rei da mítica ilha flutuante de Aiolia (Aeolia)

Aeolus (grego antigo: Αἴολος, *Aiolos;* holandês, obsoleto: *Eool*) é uma figura da mitologia grega e romana. Ele era um filho de Poseidon que foi nomeado por Zeus como o guardião dos ventos: Boreas o vento norte, Notos o vento sul, Euros o vento leste e Zephyrus o vento oeste. Aeolus mantinha esses ventos trancados em uma caverna e podia mandá-los embora sempre que quisesse trazer vento.

Aeolus conheceu Odisseu nas Ilhas Liparianas. Ele deu a este um saco, que continha ventos de proa, para que Odisseu nunca sofresse de ventos de proa. No entanto, os companheiros de viagem de Odisseu estavam tão curiosos que olharam para dentro da bolsa. Os ventos de proa escaparam, impedindo Odisseu de chegar ainda ao seu destino.

Aeolus foi também a divindade que impediu os gregos de zarparem para Tróia (isto por insistência de Artemis) antes que o rei Agamenón sacrificasse sua filha Iphigeneia à deusa.

O deus é também o ancestral mítico dos eolianos.

Um *processo eólico* é um termo da ciência do solo e indica que certas camadas foram formadas e depositadas pelo vento. Um exemplo é loess.

Deidades quotônicas

Erinyes (Fúrias)

Deusas da retribuição

Os **Erinyes** (grego antigo: Ἐρινύες) são figuras da mitologia grega. Elas são deusas da vingança, e perseguiram e atormentaram aqueles que tinham feito algo errado. Os Erinyes viviam no submundo e vieram à terra quando um criminoso precisava ser punido com sua vingança. Em latim, eles eram chamados de **Furiae** - ou **Dirae** - (os terríveis), e em holandês **Furiën**.Os Erinyes também tinham a tarefa de guardar os Tartaros. A palavra 'furieus' (furioso, furioso) deriva do nome holandês para os Erinyes, as Fúrias.

Origem

O Erinyes surgiu do sangue de Urano, quando foi emasculado por seu filho Kronos e o sangue caiu sobre o corpo de Gaia, a mãe terra. Outras variantes dizem que os Erinyes eram filhas de Nyx, a Noite. As Erinyes eram três mulheres: **Alecto**, a sem fim (a imperdoável), **Megaera**, (a desaprovadora) e **Tisiphone**, (a punidora). Assim, eles representavam diferentes aspectos da punição. Os Erinyes eram mais velhos que os deuses olímpicos e, portanto, não estavam subordinados ao deus supremo Zeus.

Aparência

Os Erinyes pareciam aterrorizantes. Seus cabelos eram feitos de cobras, sangue escorria de seus olhos. Às vezes, pensava-se que eles tinham asas como as de um morcego e o corpo de um cão. Eles tinham tochas e chicotes em chamas com farpas de metal nas mãos. O tisifone uma vez se apaixonou pela Cithaeron. Entretanto, ele encontrou sua morte porque uma das cobras em sua cabeça o mordeu fatalmente.

Vingança

A pior coisa que um grego podia fazer nos tempos antigos era matar um membro de sua família. Ofender um amigo ou um estranho também foi uma ofensa grave. Segundo a mitologia, tal criminoso foi perseguido pelas deusas da vingança. As deusas da vingança usaram cobras, tochas e chicotes no processo. Os Erinyes apareceram nos sonhos dos perseguidos e não havia onde se esconder deles. Cada vez, o culpado era lembrado de sua culpa. Mesmo após a morte do culpado, ele não teve nenhum descanso. De acordo com a mitologia romana, os Furiae acabaram levando o culpado à loucura.

Quando os Erinyes tinham tempo de sobra ou apenas sentiam vontade, eles iam e torturavam criminosos no submundo.

Somente quando uma pessoa foi purificada de sua culpa é que os Erinyes pararam sua vingança. Os Erinyes transformaram-se então em **Eumenides** (*"Benevolentes"*). Um criminoso poderia se libertar dos Erinyes arrependendo-se muito e se purificando de sua culpa fazendo boas ações.

Orestes

Uma vítima famosa dos Erinyes foi Orestes, pois ele matou sua mãe Klytaimnestra. No entanto, isto foi resultado de sua mãe ter matado seu pai Agamemnon anteriormente no banho. Klytaimnestra, por sua vez, estava zangada com Agamémnon porque ele queria sacrificar sua filha Iphigenia, a mando de Artemis.

Embora Orestes tivesse sido incitado a fazê-lo pelo deus Apolo antes de cometer o assassinato, ele foi, no entanto, perseguido pelos Erinyes. A deusa Atena levou este caso injusto a um tribunal divino especial, o Areópago. Os procuradores de Orestes foram os Erinyes, que agiram em nome da mãe de Orestes. A defesa de Orestes foi a Apollo. Na votação, o voto de Athena no júri foi decisivo. Orestes foi absolvido; os Erinyes se reconciliaram com este veredicto e se solidarizaram com Orestes.

Esta história mostra o ponto de vista dos antigos gregos sobre o destino do homem. O homem não pode escapar dos caprichos dos deuses: ele nunca pode fazer o bem aos olhos deles. A mesma convicção é evidente na história de Édipo. Ele veio de uma família real, mas foi amaldiçoado: enganado pelos deuses, ele matou seu pai e depois se casou com sua mãe.

Hecate

Deusa das trevas e da bruxaria

Hekate (grego antigo Ἑκάτη) é uma deusa quotônica da mitologia grega e da religião, e foi associada à magia, aos espíritos, à lua, à noite e à encruzilhada. Os gregos não a retratavam com freqüência, mas a descreviam como uma deusa com três cabeças: uma de um cão, um cavalo e uma cobra ou leão. A origem do culto Hecates está provavelmente na Caria, Anatólia. Ela foi especialmente invocada pelas mulheres durante o nascimento de seus filhos. Também foi dito que ela tinha dois cães fantasmas com ela, e sua chegada foi anunciada pelo latido de um cão. Sua sacerdotisa mais famosa foi a feiticeira Medeia. A festa de Hekate foi celebrada na Grécia em 13 de agosto e 30 de novembro, e no Império Romano no dia 29 de cada mês.

Etimologia

Hecate, de acordo com o *Dicionário Etimológico do Grego,* é presumivelmente de origem não grega, possivelmente envolvendo associação com epítetos gregos da Apollo (e Artemis). Estes são *hékatos* ("atirando longe"), *hekatebólos* ("atirando de longe") ou *hekebólos* ("atacando à vontade"). Outra etimologia é *hékas*, "muito longe". A explicação para os derivados de *hékas, hékatos* e similares são os atributos misteriosos e inspiradores do Hecate. Além disso, a etimologia foi proposta de *hékaton*, "uma centena", em parte porque Hékaton exigiu sacrifícios de uma centena de bovinos, a chamada hecatombe, ou em parte porque Hékaton governou sobre espíritos de pessoas que não haviam sido enterradas, forçando-as a vaguear por cem anos.

Origem

Originalmente, Hécate provavelmente não é uma deusa grega. De acordo com uma hipótese, seu culto veio da Trácia, como o de Orfeu, por exemplo, porque seu culto foi claramente estabelecido na Samotrácia, existem semelhanças entre Hécate e a deusa trácia Bendis (equiparada a Artemis), e porque existem interfaces com os cultos frígio. Outra hipótese é a Caria no sudoeste da Anatólia, onde o culto era particularmente forte. Por exemplo, a cidade de Idrias, de caráter mariano, foi primeiramente chamada de Hecateia, e a cidade de Lagina foi seu principal centro de culto na Anatólia. O Hecate local, Hecate Laginitis, foi fortemente associado a Zeus Panamerios, presumivelmente dando-lhe o papel de esposa do deus chefe e deusa mãe. Havia também o festival anual "da chave" (*kleidos pompé*), referindo-se aos mistérios do submundo.

Que suas origens não são gregas sugere o fato de que ela não aparece na *Ilíada*, *Odisséia* e outros épicos primitivos, enquanto isso seria óbvio com, entre outras coisas, a descida de Odisseu ao submundo na *Odisséia*, desde que Hécate ficou conhecida como uma deusa quotônica. No processo, existiam relatos conflitantes da genealogia de Hécate, Hesíodo afirmou não ter nenhum irmão, famílias e clãs não reivindicavam descendência dela, seus templos e estátuas não estavam ligados a lendas antigas e, finalmente, seu papel como governante aterrorizante da feitiçaria não parece ser verdadeiramente grego. Além disso, seu culto não parece ter penetrado bem em áreas mais remotas como Arcadia, onde ela não estava associada a Artemis, Demeter Erinys e Despoina, deuses que estavam associados a seu culto em outros lugares. Finalmente, os cães foram sacrificados a ela, o que era incomum na religião grega.

Culto

Durante toda a antiguidade, a imagem de Hecate mudou, mas em geral ela permaneceu uma deusa de proteção e destruição, de fertilidade e morte.

Desenvolvimento

126

O desenvolvimento do culto de Hecate está dividido em três etapas. Na primeira etapa, Hécate ainda mostrava parentesco com as deusas-mãe anatólicas, como a Hepa Hurítica (ou Hepat). Ela parecia então estar mais ligada ao sol do que à lua e a aspectos ocultos. Uma das primeiras fontes para esta antiga etapa é a *Teogonia* de Hesíodo, onde em uma ode é chamada de "a mais estimada entre os deuses imortais". Na segunda etapa, desenvolve-se a imagem grega de um terrível Hécateo, onde ela se torna principalmente a deusa dos fantasmas, da magia e da lua. Esta imagem é evidente no papyri mágico grego. A terceira etapa é o paganismo tardio. Ela ainda era vista como uma deusa aterrorizante, mas seu atributo lunar tornou-se insignificante. Em vez disso, o foco passou a ser seu papel como deusa da força vital cósmica e das virtudes que nutrem a alma. Esta imagem surgiu sob a influência dos *oráculos caldeus*, os quais enfatizaram novamente o papel da deusa mãe, possivelmente porque este aspecto tinha continuado a viver no leste, mas não na Grécia e no mundo mediterrâneo ocidental.

Veneração

Templos e festividades existiam para Hécate. Por exemplo, os habitantes de Carian Stratonicea tiveram um festival anual, o Hecatesia. Pelo menos em Atenas, habitantes abastados colocam pratos de comida para a deusa na encruzilhada, assim que havia uma lua nova. Um templo, a Epipyrgídia, ficava na Acrópole Ateniense, perto do templo de Nikè. Como Hecate governava as áreas de fronteira, tais como umbrais, portões e cruzamentos, estátuas dela foram colocadas em toda a cidade fora das casas ou nos cruzamentos. Essas estátuas foram usadas localmente como oráculos. Como sacrifícios ao Hécate, as pessoas usavam principalmente cães, cordeiros negros e mel. Os cães também faziam parte dos ritos de limpeza. As pessoas geralmente rezavam para ela antes de viajar. Importantes lugares de culto foram Boécia, a ilha de Aegina, pelo menos do século V a.C., mas também a Samotrácia, onde o culto se fundiu com os mistérios locais. Que Hecate foi associado a Artemis é demonstrado pelo fato de que o templo Artemista de Éfeso também continha uma estátua de Hecate.

Atualmente, o Hecate ainda é adorado por alguns grupos pagãos, incluindo certos tribunais Wicca. Ela é vista como a Crone, a antiga e sábia manifestação da deusa tripla. Porque ela é vista como a deusa da bruxaria e da lua, ela é uma deusa muito importante dentro de wicca. Ela é identificada com o Cailagh, que é adorado como uma deusa dentro do Neo-Druidismo.

Mitologia

Como deusa, Hécate teve um papel menor na mitologia grega. Apollodorus lhe dá um papel no Gigantomachy, mas ela não é mencionada nas versões anteriores dessa história. Além disso, existem apenas algumas histórias menores para explicar, por exemplo, um de seus nomes, como *Angelos.* Isto sugere que inicialmente ela não tinha o papel e a reputação como nos tempos mais recentes dos helenistas. Possivelmente ela se tornou mais famosa através da associação com Artemis e Demeter.

A genealogia da deusa quotônica não era clara na antiguidade. Hesíodo, a primeira fonte a mencionar Hecate, chamou-a de filha do Titan Perses e Asteria, e mencionou que ela não tinha irmãos ou irmãs. Bacchylides, entretanto, declarou que ela era descendente de Nyx ("Noite"), enquanto Musaeus deu Zeus e Asteria como seus pais. Em outros relatos, ela é filha de Admetus e de uma mulher fera, e parente próxima de Aeëtes e Circe de Colchis.

Iconografia

Hecate foi descrito com vários atributos. Na Terra, ela poderia aparecer com dois uivos, cães estígios anunciando sua chegada. Ela tinha tochas ao seu redor e em seus cabelos usava galhos de carvalho e cobras. Seu corpo às vezes é representado com três cabeças, ou com três partes do corpo: parte cavalo, parte cão, e parte leão ou javali.

Minos

Na mitologia grega, **Minos** (grego antigo: Μίνως) era o rei de Creta. A
civilização minóica recebeu seu nome em homenagem a ele. Não se sabe
se este rei realmente existiu, ou se suas histórias foram baseadas em
vários reis, por exemplo. Assim, também é possível que a palavra Minos
seja "antigo cretense" para rei.

Segundo os mitos, Minos era o filho de Zeus e Europa. Dizem que ele se
casou com Pasiphaë e foi pai de Ariadne, Androgeus, Deukalion,
Phaedra, Glaukos e Katreus, entre outros. Ele se tornou rei de Creta
quando o rei Asterion morreu. Minos exilou seus irmãos Rhadamanthys e
Sarpedon, que também reivindicaram o trono. Minos vivia no Palácio de
Knossos. Ele mandou construir um labirinto no qual o Minotauro ficou
preso.

Após sua morte, Minos foi nomeado como um dos Três Juízes do
Submundo no Hades, julgando as almas que chegavam e atribuindo-lhes
seu devido lugar no submundo. Neste papel, ele também aparece na
Divina Comédia de Dante.

Persephone

Rainha de Deusa do submundo

Os romanos chamavam Persephone Proserpina.

Persephone (grego antigo: Περσεφόνεια, *Persephoneia* (especialmente com Homero) ou Περσεφόνη, *Persephonè*; latim: *Proserpina*) (pronúncia: "pèrseefoonee") é, na mitologia grega, a deusa do reino dos mortos e da primavera. Ela era a filha de Demeter, a deusa da agricultura e dos cereais, e o deus supremo Zeus. As variantes romanas de Demeter e Zeus são Ceres e Júpiter.

Demeter e Persephone

Demeter amava muito sua filha e a vigiava como uma galinha mãe. No entanto, Persephone foi seqüestrada exatamente quando estava colhendo flores no campo. Hades, o deus do submundo e governante dos mortos, emergiu de um abismo no colo da terra com um cavalo e uma carruagem e puxou-a para sua carruagem. Persephone clamou por ajuda, mas em vão: ela desapareceu com ele na escuridão.

Demeter mergulhado em profunda tristeza. Depois de procurar por muito tempo na terra, ela também foi às constelações, onde perguntou a Helios se ela não tinha visto sua filha. Este último respondeu que Helios tinha visto tudo, e depois deu a própria resposta: Persephone está no submundo, com Hades. Demeter era totalmente impotente e, em sua dor pela perda, ela trouxe à terra um inverno árido e muitas pessoas sofreram fome.

Quando as coisas ficaram muito ruins, Zeus ordenou a seu irmão Hades que devolvesse Persephone à sua mãe. Hades concordou, mas Persephone teve que comer mais uma ceia e lá ela comeu seis sementes de romã. Uma vez que algo é comido no reino dos mortos, não se pode voltar atrás. Para cada semente que ela tinha comido, Persephone tinha que voltar a ele por um mês. E assim aconteceu que todos os anos ela estava com sua mãe durante a primavera e parte do verão, o período de crescimento e floração, e depois voltou para o submundo, para o Hades. Assim, com Persephone, a primavera veio à terra todo ano, e as pessoas falavam dos Anodos de Persephone. O mito de Demeter, Hades e Perséfone pode assim ser visto como a explicação grega da origem e continuação das estações do ano.

Veneração

Nos mistérios de Eleusis, Persephone era adorado sob o apelido Κόρη (Korè (bet. 'menina')) junto com Demeter. As duas deusas formaram uma espécie de unidade onde Demeter era a terra cultivada, e Korè, o grão que cai na terra, morre e dá nova vida.

Os romanos a reverenciavam como Proserpina. Ela também foi equiparada ali com a deusa Libera.

Gigantes e outros "Gigantes

Cicloscópios

Uma tribo de gigantes zarolhos e devoradores de homens

O **ciclope**, ou menos comumente **kykloop**, (grego antigo: κύκλωψ - "olho redondo", de: κύκλος - "círculo" e ὤψ - "olho") é uma figura da mitologia grega. Os ciclopes são gigantes ferozes com apenas um olho. Eles viviam juntos nas encostas do vulcão Etna, na Sicília, longe do mundo civilizado. Dizia-se que os ciclopes viviam da agricultura, da criação de animais e tinham muitas ovelhas. De acordo com Homero, eles também comiam crianças.

Os primeiros ciclopes, chamados Steropes, Brontes e Arges, são, segundo a mitologia, os filhos de Gaia e Ouranos. Eles são os assistentes do deus da forja Hephaistos. A eles Zeus deve seu relâmpago, Poseidon seu tridente e Hades seu capacete de invisibilidade (hades capacete).

Na Grécia, no Peloponeso, entre outros, nos arredores de Micenas - a cidade do rei Agamenón e de Euristheus, para quem Heracles tinha que realizar obras - havia enormes muros. Eles serviam como muros da cidade e consistiam de grandes blocos de pedra de barro. Estas paredes eram tão grandes e imponentes que os gregos acreditavam que não eram construídas por humanos, mas pelos ciclopes. É por isso que os chamamos de "muros ciclopédicos" (ver "... Cyclopea saxa", Aen. I, v.201, Verg.).

O Ciclope Polifemo

Na *Odisséia de* Homero, o herói Odisseu, em uma de suas andanças, acaba na ilha dos ciclopes. Ele é capturado com 12 de seus homens na caverna do ciclope Polifemo, um filho de Poseidon. Polyphemos gosta de algo que não seja uma perna de carneiro. Todas as noites e manhãs, Polifemo come dois dos homens de Odisseu; assim, Odisseu inventa um ardil.

Odisseu embebeda o gigante e, quando perguntado pelo ciclopes, qual é o nome de Odisseu, ele responde: "Ninguém". Quando Polifemo adormece atordoado pelo vinho e pela comida, os homens apunhalam o olho de Polifemo com uma estaca queimada e pontiaguda.

Furioso com a dor, o ciclope acorda. Ele pede ajuda para os outros ciclopes. Eles se aproximam do barulho e lhe perguntam o que está acontecendo. Polifemo responde: "Ninguém me pôs fora do olho e ninguém escapou". Estou zangado com Ninguém'! Os ciclopes pensam que Polyphemos enlouqueceu e voltou a dormir. Na manhã seguinte, Polifemo não consegue encontrar os homens pelo toque entre as ovelhas. Ele fica na entrada da caverna sabendo que suas ovelhas estão indo para o pasto. Para escapar de qualquer forma, Odisseu prende seus homens entre as ovelhas. Ele como o único que resta não consegue se amarrar, mas se agarra aos cabelos do maior carneiro. Quando as ovelhas deixam a caverna pela manhã, Polifemos fala com seu carneiro favorito, sem saber que Odisseu está se segurando debaixo de sua barriga. Odisseu e seus homens conseguem assim escapar e também roubar as ovelhas gordas do gigante.

Quando Polifemo mais tarde percebe que os homens não estão mais na caverna, ele acende uma raiva.

Enquanto os homens remam, Odisseu chama atrás do gigante. O enfurecido Polifemo atira uma pedra no navio. Mesmo assim, Odisseu não fica calado e chama seu verdadeiro nome. Um segundo rochedo, pousando atrás do navio, lhe dá grande velocidade, longe da ilha. O ferido Polifemo reza ao seu pai Poseidon para vingá-lo. Poseidon antagonizaria Odisseu onde quer que ele pudesse durante o resto de sua longa viagem.

Origem do mito

Uma teoria é que os gregos encontraram crânios de elefantes e os confundiram com os crânios de gigantes com um olho grande na testa.

Esta teoria foi mencionada pela primeira vez por Othenio Abel em 1914. Portanto, não é coincidência que a lenda dos Cíclopes esteja associada à Sicília. Foi aqui que o elefante anão siciliano viveu durante a última era glacial, o Pleistoceno. Os crânios de elefantes não têm bases oculares claramente reconhecíveis. No entanto, eles têm uma grande cavidade nasal no local do tronco.

Adrienne Mayor o fundamenta assim em seu livro *The First Fossil Hunters: Paleontology in Greek and Roman Times*: The Greeks found those ancient bones and preserved them in their temples. Eles tentaram reconstruir o aparecimento das criaturas pré-históricas, e procuraram explicações para sua extinção. Para estes últimos, eles confiaram principalmente em sua imaginação, e isso levou aos contos míticos de bestas fabulosas como os ciclopes.

Typhon

Um gigante serpentino monstruoso e uma das criaturas mais mortíferas da mitologia grega

Typhon ou **Typhoeus** (grego antigo Τυφάων / Typháôn ou Τυφωεύς / Typhôeús, de τῦφος / tỹphos, "o queimado") era um gigante, que foi enterrado na Cilícia, na terra do Arimoi, debaixo da terra, que Zeus havia jogado sobre ele. Ele era o filho mais novo de Gaia, pai de Tartaros para ela após os Titãs terem sido derrubados por Zeus. Ele tem cem cabeças de dragões que respiram fogo, com olhos cintilantes e vozes aterrorizantes. Ele é espantosamente alto, de modo que chega de leste a oeste com sua cabeça às estrelas e com suas mãos estendidas. Seu objetivo é ganhar o domínio sobre os deuses e os homens, mas Zeus o supera após uma terrível batalha.

Por Echidna, o mito ainda recontado, ele foi o pai de muitos monstros hediondos, como os Chimaira, do cão Orthros, os dragões, que guardavam as Maçãs de Ouro das Hespérides e o Tosão de Ouro em

Colchis da Esfinge, de Cérbero, que guardava a entrada no submundo, dos Gorgons, de Cila, da serpente de Lerna, do leão Nemean e da águia Ethon, que roeu o fígado de Prometeu. Também se diz que todos os ventos de tempestade perniciosos surgiram dele. Seu lugar de residência foi estabelecido em várias regiões, que se destacaram por sua natureza vulcânica.

Quando Typhon e Echidna tentaram atacar o Olimpo, Zeus o prendeu sob o Monte Etna como punição. Sua esposa e filhos mantiveram sua liberdade para servir como um desafio a heróis como Heracles.

De acordo com sagas posteriores, os deuses não conseguiram resistir a seu ataque. Eles fugiram para o Egito e em parte se esconderam lá, em parte se transformaram em animais. Somente Zeus ousou participar de um duelo com *Typhoeus* e tentou combatê-lo com seu relâmpago e com um arpão, mas Zeus também foi vencido.

Há uma estreita relação entre este mito e o mito hitita do deus da tempestade Teshub lutando contra o dragão Illuyankas. As representações na arte grega também mostram um parentesco com a representação hitita desta batalha, que foi encontrada em Malatya, Turquia.

Identificação com divindades egípcias

Typhon foi identificado com Tabh ou Seth na interpretação grega dos deuses egípcios.

Divindades rústicas

Aristaeus

Deus menor, protetor e criador de várias artes | Defied mortal

Aristaios (grego antigo: Ἀρισταῖος) ou **Aristaeus** (latim) é uma figura da mitologia grega. Aristaios é um sátiro e filho de Apolo e da ninfa Kyrene.

Seu desempenho mais famoso talvez esteja no mito de Orfeu, no qual ele persegue e persegue a mais bela ninfa d'água Eurídice, com o resultado de que em seu vôo ela pisa em uma cobra que lhe inflige uma mordida fatal. Nisto, as outras ninfas se vingam. Eles punem Aristaios, que era um apicultor, matando todas as suas abelhas. Aristaios não conseguiu explicar por que suas abelhas morreram repentinamente, e sua mãe sugeriu que ele consultasse Proteus. Aqui Aristaios aprende que é uma punição por sua tentativa de agressão à ninfa Eurydice. Como penitência, ele terá que sacrificar quatro vacas, quatro touros, um bezerro e flores para as crinas de Eurídice. Nove dias após o sacrifício, novos enxames de abelhas cresceram a partir das carcaças daqueles bovinos.

Pan

Os deuses romanos Faunus e Silvanus compartilham muitos atributos do Pan e podem ter evoluído a partir dele. Algumas representações cristãs do diabo têm uma semelhança marcante com Pan.

Pan (grego antigo: Πᾶν) ou **Faunus** (latim) é uma figura da mitologia grega. Ele é um filho de Hermes e da ninfa Penélope. Pan é o deus do deserto e patrono dos pastores e de seus instintos pecuários e animais. O Pan tem o corpo inferior e os chifres de uma cabra, mas uma parte superior do corpo humano. Ele também tem um rosto longo e estreito, um nariz grande e olhos amarelos.

O nome da flauta de pan é dado em sua homenagem. Foi-lhe dada quando ele perseguiu a ninfa Syrinx. Ela estava ansiosa para permanecer virgem e rezava para os deuses enquanto já sentia o hálito de Pan em seu pescoço. Sua oração foi atendida e ela se transformou em uma palheta bem a tempo. Pan, então, transformou isso em sua flauta.

O pan causou muitos sons misteriosos nas florestas, que os pastores e seus rebanhos temiam, o mesmo para as pessoas em lugares remotos.

Esta é a explicação da palavra "pânico". Um susto de pânico é um susto repentino, geral, mas infundado. Por esta razão, foi melhor mantê-lo amigável. O prefixo *pan-* (tudo) também deriva de Pan, pois ele foi visto como a personificação da natureza. Desde a Idade Média, sua aparência foi adotada para retratar o diabo.

Na imagem, Pan está associado a Eros e Afrodite por causa de sua sensualidade. Entretanto, tanto quanto sabemos, Pan nunca teve nada a ver com Afrodite ou Eros. Ele era o filho de Hermes e se deu bem com Dionysos. Apollo era seu rival musical. A história do rei Midas, sobre a competição entre Pan e Apollo, é particularmente bem conhecida.

Começou com o satyr ou satyr Marsyas, que encontrou uma flauta que Pallas Athena tinha feito e depois descartou, porque ela achou suas bochechas muito inchadas quando soprou nela. Marsyas praticou na flauta e em certo ponto desafiou Apollo. Apollo aceitou o desafio e venceu Marsyas. Como punição, Apollo o esfolaria vivo. Pan não conseguia aguentar, que um de seus súditos enfrentou seu fim desta maneira, e desafiou Apollo em segundo lugar. Quase todos achavam que o Apollo estava jogando melhor novamente. Pan sofreria o mesmo destino que Marsyas se não fosse pelo fato de Dionysos e o Rei Midas gostarem mais de sua música do que da Apollo. Apolo ficou tão irritado que deu ao rei Midas orelhas de burro por causa de seu mau gosto tolo. Não se sabe qual era a relação entre Pan e os outros deuses no Olimpo.

No tempo do Imperador Tibério, um barqueiro chamado Tamus, navegando perto da ilha de Paxi, ouviu uma voz do nada dizendo-lhe que o grande deus Pan estava morto. Thamus teve que dizer isto ao povo de Palodes, hoje Butrint na Albânia. Quando chegou perto de Palodes, ele gritou à margem: "O grande deus Pan está morto"! Soava a lamentações de muitas gargantas da costa e os marinheiros horrorizados contavam a história em todo o mundo antigo. Plutarco escreveu-o um século depois em seu livro *De Defectu Oraculorum*, sobre o silêncio dos oráculos. Pan é o único deus de quem se menciona que ele tinha morrido. Ele pereceu na batalha entre os Titãs e os deuses do Olimpo. O antigo deus da natureza Faunus da mitologia romana foi mais tarde equiparado a Pan.

Divindades agrícolas

Adonis

O deus da renovação permanente, da fertilidade, da beleza e do desejo

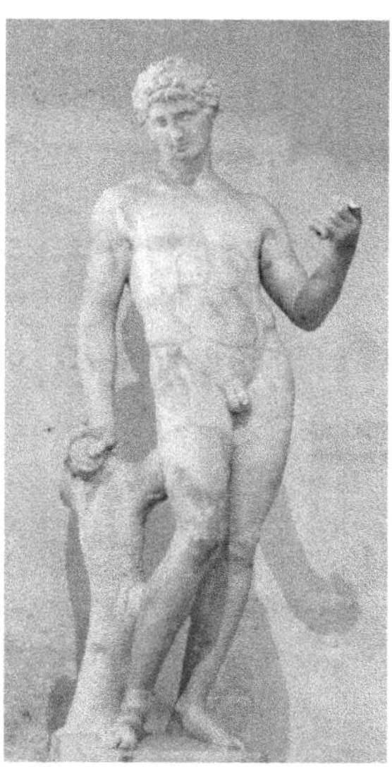

Adonis (grego antigo: Ἄδωνις) é uma figura da mitologia grega e fenícia. O nome desta divindade vem simplesmente do fenício *Adon*, que significa "lorde". Como o fenício Adon, Adonis referiu-se ao amante da deusa, um deus que morre e ressuscita anualmente. Adonis era o amante de Afrodite ou Vênus.

Babylonia

Entre os babilônios, Tammuz era o filho-amante de Ishtar. Ele era sacrificado anualmente sob o disfarce de um cordeiro inocente.

Adonis vem do fenício *Adon*, que, como Baal, significa "lorde". Este era de fato o título de endereço do deus babilônico Tammuz. Ele era adorado especialmente em Byblos pelos cananeus. Seu culto também foi transferido para Chipre pelos colonos fenícios, onde sua morte e renascimento anuais foram incorporados ao culto em torno de Afrodite.

Chorar sua morte foi o tema do culto, há muito praticado em muitos lugares do Oriente Médio. Isto também é mencionado na Bíblia, para horror do profeta Ezequiel (8.14-15). A morte de *"O Tamuz"* foi lamentada por alguns israelitas - especialmente mulheres - desde o templo em Jerusalém a cada ano, até 720 a.C.

143

Um centro importante na adoração de Adonis foi Belém. São Jerônimo mencionou que neste lugar Tamuz (Adônis), o amante de Vênus (Afrodite ou Astarte) era adorado em um bosque sagrado perto de uma caverna, onde sua morte era lamentada anualmente.

Segundo a lenda, ele foi criado como um pastor, mas na verdade era o filho da deusa. Ele era tão bonito como um bebê que a deusa do submundo não queria realmente devolvê-lo, quando ele foi colocado em uma caixa de madeira com ela para ser guardado, o que não funcionou, mas quando Tamuz se tornou um jovem, ele foi empalado em uma árvore por um javali enquanto caçava.

Chorando, sua amante, Inanna, uma jovem encarnação da deusa, curvou-se sobre o corpo. Ela não se submeteu e desceu ao submundo para resgatar a alma do menino. Lá ela teve que lutar com Eresjkigal, sua irmã, mas na verdade o lado negro de si mesma. Ela conseguiu seu caminho, em parte, porque a cada ano Tammuz também tinha que voltar.

Fenícia

Na Fenícia (Síria) e na Palestina, Adonis/Tammuz era adorado como o deus dos grãos, que morre sob a pedra de moer para ser cozido em pão. Assim, em Belém (literalmente 'casa do pão'), Adonis/Tammuz era adorado como o deus do pão. Por causa de sua beleza juvenil, Adonis era um símbolo da primavera e da natureza florescente.

Mitologia grega

De acordo com a mitologia grega, Adonis nasceu no Líbano atual do amor incestuoso da princesa Myrrha e seu pai, Cinyras. Quando Cinyras descobriu que havia dormido com sua filha, quis matá-la, mas os deuses a transformaram em uma árvore de mirra. Após nove meses, a árvore deu à luz um lindo menino, Adonis. As deusas Perséfone e Afrodite (ela estava apaixonada por ele) o criaram.

Adonis era um caçador destemido, muitas vezes agindo de forma imprudente quando caçava caça perigosa. Isto causou muita agitação a Afrodite, que temia que algo acontecesse com ele.

Em vão, ela implorou que ele deixasse a caça daqui em diante e ficasse com ela, onde nada poderia acontecer com ele. Mas Adonis conseguiu escapar de suas risadas e continuou a procurar a companhia dos outros homens que foram caçar para que pudesse continuar se dedicando a seu passatempo preferido.

Um dia, Adonis estava perseguindo um javali, uma perseguição que lhe deu grande prazer. Quando ele finalmente atacou o animal, porém, de repente ele virou furiosamente e furou a coxa desprotegida de Adonis com sua presa temível. Ele ainda tentou fugir, mas sua perna se recusou a cooperar e assim o javali teve a chance de chutá-lo até a morte.

Imediatamente, Afrodite chegou ao lugar onde sua querida tinha encontrado seu fim de forma tão trágica. Ela correu por mato e arbustos espinhosos, rasgando sua pele nos galhos e espinhos afiados. Seu sangue coloriu as rosas brancas que ela passou com um tom vermelho baço. Quando ela chegou ao local, Adonis já estava morto e endurecido e suas carícias apaixonadas não foram mais retribuídas por ele. Afrodite então irrompeu em uma inundação de lágrimas tão imparável que a floresta e as ninfas da água, os deuses e os homens e até mesmo a natureza se uniram a ela e choraram com ela pelo amado jovem.

Finalmente, com relutância, Hades chegou à triste multidão para levar a alma do defunto ao submundo, onde seria recebido por Perséfone, a deusa do submundo. Ela o levaria ao lugar onde os bons e virtuosos mortais habitam em êxtase por toda a eternidade, chamado Elysium. Afrodite ainda estava inconsolável e chorava muitas, muitas lágrimas. Assim que as lágrimas tocaram o chão, elas se transformaram em anêmonas e as gotas de sangue que haviam escorrido da coxa de Adonis e caído no chão se transformaram em belas rosas vermelhas.

Afrodite ainda continuava tão intensamente triste, no entanto, que a certa altura ela não conseguia mais suportar. Ela foi ao Olimpo, onde caiu aos pés de Zeus e lhe implorou que libertasse Adonis do abraço da morte, ou que a permitisse compartilhar seu destino no submundo.

Era impossível permitir que a deusa da beleza deixasse a terra e fosse para o submundo, mas Zeus também não suportava ouvi-la suplicar desta maneira. Ele decidiu, portanto, que Adonis seria chamado do submundo para que Afrodite pudesse tê-lo com ela novamente. Mas Hades tinha controle sobre Adonis, porque o submundo era seu reino e ele se recusava a deixá-lo ir. Após uma longa discussão entre Zeus e Hades, foi alcançado um acordo. Adonis pôde passar metade do ano na terra e teve que voltar ao Elysium para a outra metade.

No início da primavera, Adonis deixou o submundo e, o mais rápido que pôde, foi para sua amada Afrodite. Em todos os lugares em que ele pôs seus passos, flores brotaram e pássaros começaram a chilrear para mostrar como estavam felizes em sua chegada. Assim Adonis tornou-se o símbolo da vegetação, levantando-se do solo a cada primavera e cobrindo a terra com belas folhas e flores e fazendo com que os pássaros chilreassem. No outono, Adonis voltou relutantemente ao submundo, pois então o cruel javali do inverno veio novamente para perfurá-lo com sua presa e sua natureza murcha. E todos os anos, no outono, a natureza chorava por sua partida.

Simbolismo

A história de Adonis pertence à tradição das ofertas de paz, semelhante à história da Páscoa.

Hoje em dia, adonis se refere a um menino bonito ou um homem musculoso bonito, como visto, por exemplo, nas estátuas gregas desde a época dos primeiros Jogos Olímpicos.

Nas Metamorfoses de Ovid, Adonis é morto por um javali enquanto caçava, após o que ele se transforma em anêmona. Essa flor oferece apenas uma breve alegria, pois seu peso leve a torna frágil e vulnerável e muitas vezes é agarrada pelo vento.

Todos os anos, no início da primavera, no Oriente e em Roma, era celebrado o festival Adonis; segundo Ovid, porque Vênus queria que sua morte fosse revivida e exibida, um pensamento posterior de seu lamento.

Divindades da saúde

Aesculápio (Asclepius)

O deus da medicina

Asklepios (grego antigo: Ασκληπιός, *Asklepios*; latim: *Aesculapius*; *Asclepius* holandês) é o deus da medicina e da cura na mitologia grega.

Antecedentes

Ele era o filho de Apolo e Coronis. No entanto, os Coronis grávidos se apaixonaram pelo mortal Ischys. Apolo matou seu amante infiel e transformou (segundo Ovídio) o corvo branco que havia entregue a notícia em negro. Ele extraiu a criança do corpo da mãe morta e Asklepios veio ao mundo em Epidaurus. Asklepios foi confiado por Apollo ao sábio centauro Chiron, que lhe ensinou medicina. Entretanto, Asklepios provou ser tão talentoso que foi capaz de ressuscitar os mortos, uma habilidade que se diz ter usado várias vezes (inclusive no filho de Theseus, Hippolytus). Zeus, entretanto, sentiu que ressuscitar os mortos era uma violação da ordem e matou Asklepios com seu relâmpago. Apolo, porém, retaliou matando os ciclopes (os fabricantes dos relâmpagos de Zeus). Apolo foi punido e teve que passar um ano a serviço de um mortal, Admetus, mas teve sucesso como Zeus chamado Asklepios de volta à vida.

Com Homero, ele ainda não é um deus, mas um médico hábil; somente a partir do século V a.C. ele é reverenciado como o deus da medicina.

As três filhas de Asklepios eram Hygieia (deusa da saúde), Achelois (deusa da lua e alívio da dor) e Panacea (deusa dos remédios). Também é dito que ele teve dois filhos, os habilidosos médicos Podalirius e

Machaon (mencionados por Homero na Ilíada). O famoso médico Hipócrates também é considerado um descendente de Asklepios.

O que é exatamente a verdade é incerto. Se Asklepios realmente funcionou em Epidaurus é algo de lenda. Epidaurus certamente teve um spa e provavelmente um dos primeiros hospitais organizados conhecidos por existir. Diz a lenda que as pessoas foram a Epidaurus quando estavam doentes. Quando se via uma cobra em um sonho, uma era curada (ver também o culto Asklepios em Epidaurus). Assim, Asklepios é normalmente retratado com um bastão com uma serpente enrolada em torno dele, o bastão do Asklepios ou esculape. Ele tem sido o símbolo para os médicos há séculos. Este símbolo também é usado para os farmacêuticos, com uma tigela no topo do pessoal do asklepios, a partir da qual a cobra é alimentada. Esta tigela é o símbolo de Hygieia, a deusa da saúde e filha de Asklepios.

Veneração

O santuário de Asklepios é caracterizado por um templo sob o qual foi construído um labirinto, no qual foram mantidas cobras.

Vários lugares na Grécia têm restos de santuários dedicados a Asklepios, como o Asklepieion na ilha grega de Kos, assim como em Epidaurus e Trikala, e em Pergamon (Ásia Menor).

Outras divindades

Charites (The Graces)

Deusas da fertilidade, do encanto e da beleza

As (três) **Graças (**latim: *Gratiae*), **Caritas** (grego: *Charites*) ou a **trindade dos Adornos**, eram três irmãs da mitologia grega e romana.

Segundo a mitologia grega, elas eram filhas de Zeus e Eurinome, mas em algumas histórias são também descendentes de Dionísio e Afrodite (Vênus), ou de Hélio e do ingênuo Aegle. Segundo a mitologia romana, elas eram as filhas de Baco e Vênus.

As Graças são:

- Aglaia, ela representa a beleza e o brilhantismo.
- Euphrosyne, ela representa a alegria.
- Thalia (ou Cleta), ela representa (florescendo) a felicidade.

Peitho (de acordo com os romanos, Suada) é às vezes nomeado quarto. Juntos, eles representam fertilidade, criatividade e encanto.

As Graças foram frequentemente associadas às nove musas. O rio Cephissus, perto de Delphi, foi dedicado a eles.

As graças na arte

As Graças inspiram o talento humano e a criatividade e são elas mesmas um tema preferido na arte. Eles são geralmente representados como os três de frente um para o outro com os braços sobre os ombros um do outro. Eles também são freqüentemente retratados nos Campos Elísios, o submundo celestial dos gregos.

151

Mortais - Mortais desafiados

Achilles

Aquiles (latim) ou **Achilleus** (grego antigo: Ἀχιλλεύς, *Akhilleús*) é uma figura da mitologia grega. Ele é o principal herói da Guerra de Tróia e o personagem principal do livro *Ilíada de* Homero. Homero descreve o herói como o mais limpo, o mais corajoso, o mais forte e o mais sublime de todos os heróis. Lendas posteriores (Statius) descrevem que Aquiles só era vulnerável em seu calcanhar. Isto então se tornou sua morte, ele morreu por uma flecha venenosa que o atingiu em seu calcanhar. O termo calcanhar de Aquiles pode ser rastreado a esta história.

Aquiles era filho de Peleus, o rei dos Mirmidões na Tessália grega, e Nereid Thetis, a filha de Nereus, neto de Aiakos (Aeacus) e portanto descendente de Zeus. Ele é freqüentemente chamado de "Peleide" ou "Aiakide", *epítetos* que lembram a descida do Achilles de pés rápidos. Junto com Deidameia, filha do rei Lykomedes de Skyros, ele teve um filho Neoptolemos, também um distinto herói da Guerra de Tróia.

Vida

Ele foi o mais corajoso, mais limpo, mais forte e mais sublime de todos os heróis gregos que foram a Tróia, e a maior figura da *Ilíada de* Homero, que neste poema épico cantou os louvores de seus feitos, sem, no entanto, contar nada de sua vida antes da marcha. Esta vida, de acordo com escritores posteriores, foi muito rica em eventos milagrosos. Ele também matou muitas pessoas, inclusive na guerra contra Tróia. Central ao mito de Aquiles é sua relação com Patroclus, descrita em várias fontes como profunda amizade ou amor. Ele foi morto na batalha contra Tróia.

Caráter

Achilles é um personagem complexo. Ele emerge na *Ilíada* como um herói ideal, jovem, belo, corajoso e combativo, com fortes traços emocionais. Por exemplo, ele tem um forte ódio pelos inimigos e um grande amor por seus amigos, é facilmente levado às lágrimas e age apressadamente. Aquiles toma decisões a partir das emoções que ele sente. Tem havido uma ênfase crescente neste lado emocional ao longo dos anos. Mais tarde, ele foi considerado a antítese da estoa, onde a ênfase é colocada na razão e não no sentimento. Odisseu é um bom exemplo para esta filosofia, agindo a partir de sua razão.

O que é notável em Aquiles é que, apesar de suas expressões extremas, ele possui discernimento e autoconhecimento. Ao contrário de Hektor, ele já sabe que vai morrer. Em seu discurso (Ilíada IX, 308-429), ele duvida de seu dever como herói e considera o retorno a casa. Ele prefere viver uma vida tranquila em casa do que ganhar honra na Guerra de Tróia. Percebendo sua mortalidade (seu amado Patroclus está morto e ele mesmo morrerá), ele acaba com seus inimigos a sangue frio sem misericórdia (Ilíada XXI, 34-135)

Nascimento e infância

Antes de se casarem, Zeus e Poseidon também haviam procurado a mão da ninfa do mar Thetis, até que Prometeu informou Zeus de uma profecia: Thetis daria à luz um filho que superaria seu pai. Portanto, os dois deuses se retiraram como pretendentes e permitiram que ela se casasse com Peléus. Como na maioria dos mitos, há também uma versão alternativa desta história: na *Argonáutica* (IV 760), Hera alude à rejeição casta dos avanços de Zeus por Thetis, que assim teria sido fiel ao vínculo matrimonial de Hera.

Segundo Statius em seu *Achilleis*, a única fonte conhecida para esta versão, a mãe de Aquiles o imergiu na fonte do Styx (rio no Hades, o submundo) imediatamente após seu nascimento, para torná-lo invulnerável. Ao fazer isso, Aquiles permaneceu vulnerável apenas em seu calcanhar, o local onde sua mãe o havia segurado durante a imersão. Segundo um mito antigo, Thetis o manchou de ambrosia e depois o segurou sobre um fogo mágico para queimar a parte mortal. Quando ela foi interrompida nisso por seu marido, ela o deixou a ele e a seu filho em sua raiva.

Entretanto, nenhuma das fontes para o Statius diz nada sobre esta invulnerabilidade. Homero até conta em sua *Ilíada* como Aquiles foi ferido: o *herói* Paeoniano Asteropaeus, filho de Pelegon, desafiou Aquiles no rio Skamander. Ele atirou simultaneamente duas lanças, uma das quais, o cotovelo de Aquiles raspado, "desenhando um rastro de sangue".

Mesmo nos poemas fragmentários do *Ciclo Épico* que contêm uma descrição de sua morte, como o *Cypria* (autor desconhecido), o Æthiopis de Arctinus de Miletus, o *Iliad Mikrà* de Lesche de Mytilene e *Iliou pèrsis* de Arctinus de Miletus, não há nenhuma referência a sua invulnerabilidade ou seu famoso calcanhar de Aquiles. Nas pinturas de vasos posteriores retratando a morte de Aquiles, a flecha (ou em muitos casos setas) golpeia seu corpo.

Seu pai lhe deu Phoinix para tutor, o filho de Amyntor, que o ensinou a lutar, andar, cavalgar e o jogo da cítara. Ele recebeu os cavalos Xanthus e Balius, que haviam sido dados a seu pai como presentes de casamento. Além disso, ele foi instruído em cirurgia no Monte Pelion pelo Centaur Cheiron.

Guerra contra Tróia

Ele partiu para Tróia em cinqüenta navios, acompanhado por seu tutor Phoinix e seu amigo do peito Patroclus. Aquiles teve que escolher entre uma vida longa e pacífica, mas inglesa, e uma morte precoce, mas famosa. Para tristeza de sua mãe, ele escolheu esta última. Durante os primeiros anos da Guerra de Tróia, ele destruiu 12 cidades na costa e 11 no interior de Tróia, e enquanto ele lutou nas fileiras dos gregos, eles sempre mantiveram a vantagem sobre os troianos. Em todos os perigos, ele estava sob a proteção especial de Pallas Athena e de Hera.

Quando os gregos estavam exportando para a guerra contra Tróia, eles atracaram em Mísia, onde o rei Telphos governava. Na batalha que então eclodiu, Aquiles infligiu uma ferida no Telephos que não cicatrizaria. Telephos procurou o conselho de um oráculo, que declarou que "aquele que feriu irá curar".

De acordo com outros relatos da peça perdida de Eurípides sobre o Telephos, ele foi a Aulis vestido de mendigo e lá pediu a Aquiles que

155

curasse sua ferida. Achilles recusou, alegando não ter conhecimento
médico. Aí, Telephos fez de Orestes refém, para cuja libertação ele exigiu
a ajuda de Aquiles para curar sua ferida. Odisseu então argumentou que
era a lança que havia infligido a ferida e, portanto, a lança também
deveria ser capaz de curá-las. Pedaços da lança foram raspados da ferida
e o Telephos sarou.

Segundo Plutarco e o estudioso bizantino Ioannes Tzetzes, assim que os
navios gregos chegaram em Tróia, Aquiles lutou e matou Cycnus de
Colonae, um filho de Poseidon, que era invulnerável fora de sua cabeça.

De acordo com a *história de De excidio Troiae*, de Dares Phrygius
("Relato da destruição de Tróia"), o resumo latino que passou a história
de Aquiles para a Europa medieval, Aquiles viu Troïlos, o filho mais novo
de Priamos e Hekabe (alguns dizem que Apolo era seu pai), enquanto
bebia seus cavalos fora das muralhas de Tróia, na Fonte dos Leões.
Aquiles foi enamorado pela beleza de Troilus, descrita por Ibycus como
"ouro três vezes refinado". Troilus rejeitou os avanços de Aquiles e se
refugiou no templo de Apollo. Aquiles então perseguiu Tróilo até o
santuário e decapitou-o no altar do próprio deus. Naquela época, Tróilo
teria sido um ano com menos de vinte anos, a idade que Tróilo teve que
alcançar para que Tróilo se tornasse invencível, de acordo com a lenda.

O caso Briseys

Em Lyrnessos, uma das cidades que conquistou, Aquiles capturou uma
bela garota, Briseïs, a filha de Brises. Agamemnon, o comandante-chefe
dos gregos, havia capturado a bela Chryseïs em uma ação semelhante.
Ela era filha de Chryses, um padre de Apollo. Seu pai ofereceu um grande
resgate por ela, mas Agamemnon se recusou a devolver Chryseïs. Como
resultado, a peste irrompeu no acampamento grego às mãos da Apollo.
Finalmente, Agamémnon foi aconselhada por Calchas, que foi apoiada
por Aquiles, a devolvê-la a seu pai e fazer grandes sacrifícios em honra
de Apolo, para afastar novamente a peste. Em vingança, Agamemnon
reivindicou Briseis, para punir Achilles por apoiar Calchas. Aquiles foi
teimoso e continuou a amuar porque tinha perdido Briseis. Ele ainda se
recusava a participar da luta e só interferiu novamente após a morte de
seu amigo Patroclus (que havia vestido a armadura de Aquiles).

Morte de Aquiles

De acordo com a maioria das histórias, Aquiles foi morto por uma flecha
disparada por Paris. Algumas lendas dizem assim que aquela flecha foi

disparada no calcanhar de Aquiles, que a flecha era venenosa ou que a flecha foi guiada por Apolo. No entanto, Paris, geralmente representada como covarde, não recebe crédito por este ato em todas as histórias. O lugar varia de acordo com os mitos. Às vezes acontece no campo de batalha, às vezes acontece durante o casamento com a Polyxena.

Veneração

O culto de Aquiles não se limitava a sua tumba: ele também era adorado em Erythrai (Ásia Menor), Esparta e Elis (Peloponeso), bem como em Astypalaia, uma ilha cicládica. Havia um culto arcaico de Aquiles na Ilha de Leuce, a Ilha Branca, no Mar Negro, com um templo e um oráculo que persistiu até o período romano.

Ganímedes

Um belo príncipe troiano, raptado por Zeus e feito porta-voz dos deuses

Ganímedes (grego antigo: Γανυμήδης; latim: *Ganímedes* ou *Catamitus*, do qual deriva a palavra *catamita*, menino da vergonha) é uma figura da mitologia grega. Ele era filho do rei Tros, fundador de Tróia, e pastor do gado de seu pai. Os deuses estavam de olho nele porque - como diz Homero - ele era "o mais belo dos mortais" (*Ilíada* 20, 233). Homero relata que seu pai recebeu uma série de cavalos de Zeus como compensação (*Ilíada* 5, 265-267). Nas versões posteriores, torna-se uma história homoerótica e foi o próprio Zeus que se inflamou de amor pelo menino quando o viu pastar um rebanho de ovelhas no Monte Ida. Ele o roubou com a ajuda de uma águia e, na última versão, mesmo sob o disfarce de uma águia e o trouxe para o Olimpo, onde o menino se transformou em um vertedor de vinho. A última versão pode ser lida em *Metamorfoses de* Ovid (XI, 765), que mais tarde se tornou a fonte mais famosa da história.

Mesmo na Idade Média, Ganímedes ainda era realizada, como em *Ganímedes e Helena,* na qual a homossexualidade é discutida de forma notavelmente aberta para a época.

Ganímedes como um motivo na arte

A figura de Ganímedes com a águia era frequentemente retratada na arte, especialmente nos períodos renascentista e barroco. A história foi explicada alegoricamente e foi dito que representava o anseio da alma humana pela união com Deus, com Ganímedes representando a alma humana e Zeus representando Deus. No entanto, esta explicação alegórica deve ter sido freqüentemente apenas um pretexto para descrever uma cena homoerótica. Abordagens muito diferentes podem ser vistas com Correggio, Annibale Carracci, Gabriel Ferrier, Rubens e Rembrandt. Artistas posteriores também retomaram o tema, como Thorvaldsen, Christian Wilhelm Allers e Hans von Marées.

Hercules

Um dos mais fortes e celebrados dos heróis da mitologia clássica

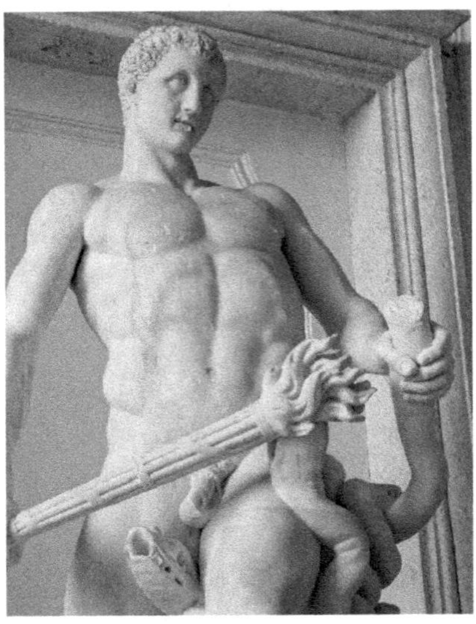

Hércules é o nome romano para Heracles, uma figura da mitologia grega. Sob o nome de Hércules, ele era adorado como um deus na Roma antiga. Segundo Titus Livius, o culto a Hércules foi o único aceito por Rômulo na fundação de Roma. Na Armênia, foi identificada com o deus armênio Vahagn (Վահագն).

Além das habituais histórias gregas sobre Heracles que os romanos adotaram, há também histórias romanas sobre Hércules. Por exemplo, Virgil conta em sua *Eneida* que o monstro respirador de fogo Cacus, que havia escondido o rebanho de Geryones em sua caverna em Aventine, foi morto por Hércules. Devido a este fato, o próprio Hércules ou Euander teria instituído o culto de Hércules, no local do Ara Maxima no Forum Boarium. Este era um lugar apropriado para a adoração de Hércules, já que o Forum Boarium era um dos centros comerciais da Roma antiga, e Hércules (como Mercúrio) era considerado o protetor dos mercadores. Hércules era ainda adorado com pelo menos 12 outros santuários e templos na cidade.

Heróis

Aeneas

Um herói da Guerra de Tróia e progenitor do povo romano

*Enéas é o herói da Eneida de Virgílio, mas foi reverenciada
pelos romanos muito antes de a Eneida ter sido escrita.
Chamavam-no de Júpiter indiges - "o fundador da raça".*

Enéas (grego antigo: Αἰνείας, *Aineias*) foi um herói mitológico troiano.
Enéas é o filho da deusa Afrodite (Vênus na mitologia romana) e um
homem mortal, Anchises, e pode, portanto, ser considerado um semideus.
Enéas é introduzido na literatura por Homero (*Ilíada*, Livro II) como o líder
dos Dardanianos (Troianos). Ele é o personagem principal do épico *The
Aeneid*, de Virgílio, que conta como, depois de seu vôo de Tróia, Enéas
foi para o Lácio (na Itália) com muita perambulação, após o que seus
descendentes encontrarão Roma.

Enéas na Ilíada

Segundo Homero (que ele mesmo construiu sobre uma longa tradição
literária), Enéas é um herói troiano que, ajudado por Pallas Athena,
assume Diomedes (Livro V). Ferido por Diomedes, que lhe atirou uma

162

pedra, ele é resgatado por Afrodite, após o que Apolo o leva para debaixo de sua asa. Diomedes ataca Enéas três vezes e é expulso pelo deus três vezes. Enéas é cuidada e curada na cidadela de Tróia por Leto e Artemis. Apolo cria um "fantasma Enéas" para distrair Diomedes, assim como mais tarde no *Eneida* um fantasma Enéas é criado para distrair Turnos. Mais tarde, Enéas considera combater Menelaus, mas quando Menelaus recebe ajuda, Enéas renuncia a ela.

No livro XX, Enéas desafia Aquiles, mas quando Aquiles o feriu e está prestes a matá-lo, Enéas é salvo pela intervenção divina de Poseidon que valoriza a reputação de piedade de Enéas. Poseidon exorta Enéas a não desafiar combatentes superiores. Antes da batalha atual, Homero dá a genealogia de Enéas com uma promessa de restaurar a dinastia de Príamo e Tróia.

Eneas na Eneida

O pai de Enéas, Anchises, era do mesmo sangue que o rei de Tróia, Príamo. A esposa de Enéas, Creüsa, era do mesmo sangue, apenas um pouco mais relacionada. Quando os gregos invadem a cidade através do Cavalo de Tróia, Enéas, como todos os outros troianos, ainda está dormindo, mas em um sonho Hector vem até ele e lhe diz para fugir com seus homens (deuses guardiões de Tróia) para construir uma nova Tróia em outro lugar. Hector também lhe diz para levar os Penates (deuses domésticos) de Tróia para um lugar seguro, ele já os havia trazido com ele. Quando Enéas acorda, Tróia já está em chamas e os deuses domésticos estão a seus pés.

Após ainda lutar teimosamente e contra seu melhor julgamento por algum tempo, ele volta para casa. Com seu velho pai Anchises e os tesouros nas costas e com seu filho Ascanius/Julus pela mão, ele deixa sua casa com Creüsa.

Ele havia combinado com os outros refugiados de se reunir em um templo remoto. Uma vez lá, no entanto, ele percebe que sua esposa não o está mais seguindo. Ele volta, para a Tróia em chamas, mas quando chega a sua casa, já está em chamas. Ele se vira e quer continuar sua busca quando de repente ouve a voz de sua esposa e vê sua figura: seu fantasma lhe diz que ela já desceu ao submundo. Enéas quer abraçá-la uma última vez, mas ele se agarra ao ar. Ele retorna ao ponto de encontro do templo, após o qual Enéas e seus companheiros iniciam sua longa jornada.

Conversões

De volta ao templo, o grupo de refugiados se revela considerável, e os troianos deslocados, que agora escolheram Enéas como seu líder, fogem da cidade em barcos e iniciam sua viagem por mar. Depois de uma longa peregrinação com vários desembarques, onde cada vez que fica claro que os deuses não os querem lá, eles são finalmente lançados no Norte da África por uma tempestade.

A tempestade, causada por Hera (na mitologia romana: Iuno), quebra a frota em dois, após o que os dois grupos chegam separadamente na praia de Cartago. Enéas, que consegue desembarcar com sete navios, vai explorar com seu amigo Achates e encontra Afrodite (Vênus), sua mãe, que lhes conta sobre Dido e Cartago. Enéas e Achates são temporariamente envolvidos em uma nuvem de invisibilidade pela deusa e caminham em direção a Cartago. Ali, Enéas vê o outro grupo de troianos, liderado por Illioneus, pedindo ajuda à rainha de Cartago, Dido. Depois de um tempo, a nuvem de Enéas e seus companheiros se rompe e o grupo de Enéas aparece diante de Dido. Esta reunião foi o início de um tempo de descanso para os troianos. Eles viveram na corte de Dido por um bom tempo.

Mas Fatum (destino) tinha decidido não deixar a viagem de Enéas terminar ali e Júpiter (Zeus) informou Enéas via Mercúrio, o mensageiro dos deuses, que ele deveria continuar sua viagem, primeiro até Cumae para descer ao submundo através de uma sacerdotisa para falar com seu pai. Com isto, Enéas não ficou muito contente, embora tivesse previsto isto. Às escondidas, ele se preparou para partir. Dido, entretanto, soube do assunto e tentou convencê-lo a ficar. Ela até quis entregar-lhe o poder. Mas Enéas não cedeu; ele não podia fazer o contrário, porque a vontade dos deuses tinha que ser obedecida. Assim, os troianos partiram novamente. Enéas olhou para trás mais uma vez e viu Dido em pé em uma colina. Ela amaldiçoou Enéas e gritou que a cidade que ele encontraria permaneceria sempre uma inimiga de Cartago. Ela então se furou com a espada dele.

Latium

Após uma viagem auspiciosa - o deus do mar Netuno pensou que eles já tinham tido infortúnios suficientes no mar - eles chegaram a Cumae. Enéas obteve um galho dourado e desceu ao Tártaro com a sacerdotisa. No final, seu pai residia em uma parte melhor do submundo (O Eliseu). Anchises lhe disse que ele já conhecia o futuro e apontou para seu filho as almas que mais tarde abrigariam os corpos de Júlio César, Augusto e muitos outros futuros governantes romanos. Ele também disse que uma dura batalha aguardava Enéas no Lácio, a terra que lhe havia sido prometida.

Depois de visitar o submundo, os troianos viajaram para o Lácio. Aqui governava o Rei Latinus, que em tempos anteriores tinha ouvido profecias de um estranho povo que um dia viria e se tornaria poderoso. Assim, ele decidiu permanecer amigável e habilmente ofereceu sua filha Lavinia para se casar com ele. Por sua mãe Amata, Lavinia já havia sido prometida a Turnus, o chefe da tribo Rutuli. Atiçado por uma das Fúrias, Turnus convocou uma guerra contra os troianos. Entretanto, Enéas ainda tinha muito tempo para construir um forte com seus homens e encontrar aliados na região. Após uma batalha, vencida pelos troianos, Turnus recuou. Mais tarde, Turnus matou o jovem herói Pallas, filho do rei Euander, um rei latino que era velho demais para lutar contra si mesmo, mas enviou seu filho com Enéas. No livro XII, as coisas finalmente chegam a um confronto entre Enéas e Turnos. Enéas não queria que muitos inocentes morressem e se ofereceu para duelar com Turnos para que a guerra pudesse ser decidida. Turnus concordou, mas Iuno enviou o plano em desordem, e de qualquer forma ele chegou a uma batalha. Quando a batalha já durava há algum tempo, Turnus e Enéas ordenaram a seus homens que parassem de lutar para que eles pudessem duelar. Enéas, que era mais velho, mais forte e mais experiente que o jovem Turnos, venceu o duelo. A epopéia termina em res. medias: Turnus implora por sua vida e promete submissão, mas Enéas vê então Turnus usando o cinto de Pallas, depois do que o mata com raiva.

Ajax, o Grande

Um herói da Guerra de Tróia e rei de Salamis

Ajax ou **Aias**, do latim *Aiax*, grego antigo: Αἴας, foi na mitologia grega um dos principais heróis da *Ilíada de* Homero. Ele era um filho de Telamon e é chamado o grande Ajax, ao contrário de Ajax, o filho de Oileus, outro herói no ciclo da Guerra de Tróia, que é chamado o pequeno Ajax. Juntos, eles são chamados de Aiants.

Vida

Ajax era o filho do Argonaut Telamon, rei de Salamis, e Periboia, uma filha de Alkathoös. Dizem que seu nome deriva da águia, *aietos*, que seu pai viu quando rezou a Zeus para lhe conceder um filho corajoso. Ajax falou pouco e lentamente e teve uma coragem enorme. Ele era um dos pretendentes de Helena, que tinha feito um juramento para ajudar aquele que se tornou seu marido. Como resultado, ele lutou na Guerra de Tróia, descrita por Homero na Ilíada. Sua coragem e força eram desproporcionais em comparação com os 12 navios que ele trouxe de Salamis. Segundo a Ilíada, ele foi o segundo maior herói dos gregos que lutaram em Tróia depois de Aquiles. Ele é mencionado na Ilíada como enorme em estatura, literalmente de pé, cabeça e ombros acima do resto. Seu epíteto é "baluarte dos gregos", notável por sua armadura é seu enorme escudo de exalar. Ele nunca foi ferido durante todas as batalhas em que participou em Tróia. Uma passagem descreve a impressão que ele causou nos gregos e troianos:

Como eles falavam assim, Ajax se armou com o temível bronze. Quando ele se armou completamente, ele avançou enquanto o gigante Ares vai à guerra no meio dos homens, que Zeus reuniu em furiosas batalhas e conflitos consumidores. Então o gigante Ajax, o baluarte dos gregos, apareceu com um sorriso em seu semblante sombrio. Com grandes avanços, ele avançou, brandindo sua longa lança. Os gregos olharam para ele com alegria, mas um medo tremendo veio sobre os troianos; o coração de todos, sim, até o de Hektor, bateu em seu peito. Mas agora era impossível recuar ou esgueirar-se dentro da multidão de seus homens; ele havia desafiado à batalha. Ajax se aproximou ostentando seu escudo, como um baluarte tão grande, cravejado de bronze, feito de sete peles de gado por Tychios, ...

Hektor, o mais poderoso do lado de Tróia, desafiou os gregos a decidir a guerra com um deles entre eles. Para isso, o Ajax foi escolhido por sorteio pelos gregos. Ele lutou no duelo com Hektor, quase o matando com uma grande pedra, mas a batalha foi abandonada porque estava muito escuro. Depois trocaram presentes, com Ajax dando um cinto de espada roxo e Hektor uma espada. Ajax era um amigo de Aquiles, o que mostrou que ele ajudou a persuadir Aquiles a lutar novamente. No dia seguinte, quando Odisseu foi ferido, Ajax o resgatou. Quando os troianos chegaram ao muro que protegia os navios dos gregos, ele e o outro Ajax mantiveram os troianos à distância. Entretanto, o Ajax, apesar de sua corajosa ação junto aos navios, não pôde impedir que os troianos incendiassem um navio grego. A situação foi resgatada por Patrulheiros, vestidos como Aquiles, e os Mirmidões. Depois que Patroklos foi morto por Hektor e despido de sua armadura, Ajax protegeu o cadáver com seu grande escudo. Nos jogos fúnebres de Patroklos, Ajax participou de vários jogos, lutando contra Odisseu e sendo derrotado por Diomedes no arremesso de lança de lança. Mais tarde, é descrito como Ajax arrastou o cadáver de Aquiles, mantendo-o fora das mãos dos troianos enquanto Odisseus mantinha os troianos à distância.

Há várias histórias sobre a morte do Ajax. A história mais conhecida é a de Homero na Odisséia e depois da qual Sophocles escreveu uma tragédia: Viés. De acordo com esta história, após a morte de Aquiles, houve uma disputa entre Ajax e Odisseu sobre quem poderia ter a armadura de Aquiles. Os líderes gregos teriam votado ou então teriam deixado a decisão ser tomada pelo observador de pássaros de Tróia Helenos, filho de Priamos. Em qualquer caso, Odysseus ficou com a armadura. Movido pela raiva e ciúme, Ajax quer se vingar dos líderes gregos à noite, mas Atenas o leva à loucura, levando-o a matar um rebanho de ovelhas em vez dos líderes gregos. Uma vez recuperado os sentidos, ele cometeu suicídio por vergonha e remorso com a espada que havia recebido de Hektor. Onde seu sangue caiu no chão, os jacintos floresceram nas letras AI, as duas primeiras letras de seu nome, mas também, traduzido para o holandês, o grego para "O ai!" ou "Ai de mim! Diz-se também que quando o navio de Odisseu afundou durante todas as suas andanças, a armadura de Aquiles foi lavada no túmulo de Ajax e assim, pela justiça divina, ele ainda conseguiu o que lhe pertencia. O grande Ajax, de acordo com outra história, foi morto por uma flecha de Paris, assim como Aquiles, mas de acordo com ainda outra história, os troianos o enterraram vivo jogando barro nele. Eles não podiam matá-lo porque tinha sido feito imortal por Heracles, que o havia envolvido em sua pele de leão.

Ajax tinha um filho, Eurysaces, 'broadshield', que sucedeu Telamon como rei de Salamis. O próprio Ajax nunca foi rei de Salamis, mas foi reverenciado lá.

Daedalus

Um criador de um labirinto mazeliano

Daedalus (latim) ou **Daidalos** (grego: Δαίδαλος), filho de Eupalamus e Alcippe, é uma figura bem conhecida na mitologia grega, conhecida como inventora, escultora e arquiteta. A história mais conhecida sobre ele é sobre o labirinto em Creta e o vôo com seu filho Ikaros.

Daedalus e Perdix

Segundo os atenienses, Daedalus viveu pela primeira vez em sua cidade. De acordo com os mitos sobre ele, Daedalus era um arquiteto altamente respeitado e o criador de estátuas realistas. Várias invenções também lhe foram atribuídas, tais como o machado e a vela. Ele foi considerado o maior criador de seu tempo.

Entretanto, um de seus discípulos, seu próprio sobrinho, foi capaz de ultrapassá-lo. Esse sobrinho - ou sua mãe, irmã de Daedalus - chamava-se Perdix; a palavra grega πέρδιξ (*perdix*) significa perdiz e também foi escolhida séculos depois como o nome científico da perdiz.

De fato, o aluno projetou a bússola e enquanto estudava um peixe com costas espinhosas, ele teve a idéia da serra. Por ciúmes, Daedalus empurrou Perdix da Acrópole de Atenas, mas a deusa Pallas Athena, padroeira da sabedoria, salvou o Perdix em queda, transformando-o em

169

uma perdiz, uma espécie de ave que voa baixo em vez de alto, por medo, por causa de sua queda anterior.

Apesar desse resgate, Daedalus foi acusada de assassinato por seus colegas de cidade. Assim, ele fugiu da cidade de Atenas e viajou para Creta.

Daedalus em Creta

Em Creta, a Daedalus entrou ao serviço do Rei Minos. Lá, ele projetou um palco de dança para a filha de Minos, Ariadne.

Os vaidosos Minos desafiaram os deuses: ele trocou um touro branco e sagrado, que Poseidon lhe havia dado para sacrificá-lo, por um touro cinzento. O deus castigou Minos espancando sua esposa, a rainha Pasiphaë, com insanidade. Em um ataque de paixão, ela queria ter relações sexuais com o touro. A Daedalus foi responsável pela vaca de madeira que permitiu que a rainha tivesse relações sexuais com o touro. O resultado monstruoso desse acasalamento foi o Minotauro. Daedalus foi então encarregada pelo rei de projetar o Labirinto de Knossos, onde o monstro foi mantido em cativeiro.

Daedalus e Icarus

A história de Daedalus e de seu filho Ikaros, que ele tinha sido pai de Naucrate, é descrita nas *Metamorfoses de* Ovid, entre outras.

Depois de construir o labirinto, ele e Ikaros ficaram presos em Creta porque Minos não os deixou sair, devido ao fato de conhecer o segredo do labirinto de Knossos. Como Creta é uma ilha e os portos foram vigiados, a fuga foi muito difícil.

A fuga só era possível por via aérea. A Daedalus, portanto, fez dois pares de enormes asas de aves a partir de penas, que ele prendeu a armações de madeira com cera de abelha. Junto com seu filho insensato Ikaros, ele aventurou-se então a atravessar o Mar Egeu de Creta a Atenas. Ele aconselhou seu filho a não voar muito alto, ou seja, não muito perto do sol. Ele também não deveria voar muito baixo, pois de outra forma a água molharia as penas. Ele teve que tomar a Via do Meio Dourado ou o Aurea Mediocritas.

Ikaros, entretanto, não ouviu o conselho de seu pai. Ele se tornou muito confiante e voou cada vez mais alto. O calor do sol fez com que a cera de abelha se derretesse e as asas se desfizessem, o que fez com que Ikaros mergulhasse no mar. Daedalus viu seu filho desaparecer nas ondas. Enquanto isso, um pastor, um pescador e um agricultor observando à distância confundiu Daedalus e Ikaros com deuses, porque só os deuses podiam fender o céu.

A Daedalus, de luto, enterrou seu filho após encontrá-lo em uma ilha próxima, tradicionalmente a ilha de Ikaria. A parte do mar em que Ikaros havia caído (entre as Cíclades e a Ásia Menor) recebeu o seu nome: o Mar Icariano.

Jason

Jason (grego antigo: Ἰάσων, *lásôn*) era, na mitologia grega, o filho do rei Aeson, rei de Iolkos, uma cidade na Tessália. O rei Éson foi privado do domínio por seu meio-irmão Pelias. Quando Jason nasceu, seus pais tinham medo que Pelias o matasse, então o enviaram secretamente para as montanhas Pelion, onde ele foi criado pelo sábio Centauro Cheiron.

Como um jovem de vinte anos, Jason voltou a Iolkos para reivindicar a realeza. Ele exigiu o trono de seu pai de volta e Pelias disse que poderia obtê-lo, mas também disse a Jason que estava assombrado pelo espírito de Phrixos que exigia que o Tosão de Ouro fosse recuperado.

Jason decidiu empreender a viagem e reuniu um grande número de heróis gregos para a viagem, incluindo Heracles, Theseus, Peleus, Meleager, Laertes, Zetes e Calais, Castor e Pollux e o cantor Orpheus. Os participantes da expedição são chamados de Argonautas porque seu navio é chamado de Argo.

A viagem levou a Colchis, no lado oriental do Mar Negro. Uma vez aqui, ele pediu ao rei de Colchis (Aietes) o Velo de Ouro. Este último estava disposto a dar-lhe se Jason pudesse primeiro realizar uma tarefa: Jason teve que domar dois touros respiradores de fogo o Khalkotauroi e arar o campo com eles, depois semear os dentes de dragão e derrotar os guerreiros que crescessem a partir deles. Com a ajuda de Medeia, filha do rei, Jasão conseguiu completar as tarefas. Entretanto, sua condição para esta ajuda era que Jason tivesse que prometer se casar com ela. Após completar com sucesso esta tarefa, Jason retornou ao rei para receber o Velo de Ouro. Aietes, surpreso e zangado por Jason ter passado suas ordens, disse a Jason que o Velo de Ouro era guardado por um dragão; para consegui-lo, Jason teria primeiro que derrotar o dragão. Orfeu cantou o dragão para dormir, permitindo que Jason tirasse o Velo de Ouro. Aietes não ficou menos zangada por Jason ter conseguido o Velo de Ouro de qualquer maneira, especialmente quando a filha Medeia e seu jovem filho (o herdeiro do trono) navegaram com ele. Ele foi atrás da Argo com seus navios. Medeia não sabia nada melhor do que desmembrar seu irmãozinho e jogá-lo ao mar; Aietes não tinha outra opção senão mandar seus navios recolher as peças de seu filho para que ele pudesse ser enterrado e soltar a Argo.

Jason e Medea casaram e tiveram filhos. Quando, anos depois, Jason se apaixonou por outra mulher, Medeia ficou tão furiosa que matou seus dois filhos. Ela então derrubou a Argo em Jason enquanto ele dormia na sua sombra, matando-o.

A mitologia também menciona o envenenamento com sangue de touro.

Odisseu

Um herói e rei de Ítaca.

Alguns escritores romanos tinham a tendência de desacreditar Odisseu como o destruidor da cidade mãe de Roma, Tróia. Outros escritores romanos (como Horace e Ovídio) o admiraram.

Odisseu (grego antigo: Ὀδυσσεύς ou também Ὀδυσεύς, pronúncia holandesa: Odíssuis) ou **Ulixes** (latim) é uma figura do ciclo clássico do mito da antiguidade em torno da Guerra de Tróia. Ele é o rei da ilha de Ítaca, filho de Laërtes e Antikleia, um astuto capitão grego, inventor do ardil com o cavalo de madeira através do qual a guerra é ganha após dez anos, após os quais ele vagueia por mais dez anos antes de voltar para casa. Ele é um personagem importante na Ilíada de Homero, enquanto na Odisséia de Homero ele é o personagem principal. Outros poetas clássicos também escreveram sobre ele, como Sophokles, na *Philoktetes*. Os filósofos gostavam de se basear no Odisseu da Ilíada, que eles viam como um modelo de perseverança. Os poetas favoreceram sua astúcia e

foram mais propensos a escolher a Odisséia para sua interpretação de
Odisseu.

Experiências

A história sobrevivente de Odisseu, conforme crônica de Homero, na qual
ele encontra todo tipo de criaturas míticas, bem como adversários
humanos durante seus anos de vagabundagem, é na verdade uma
espécie de romance de aventura *avant la lettre*.

Guerra de Tróia

Quando Odisseu e Penélope, vivendo em Ítaca, acabam de ter seu filho
Telemachos, Menelaus e um grupo de outros, incluindo Palamedes, vêm
até ele para persuadi-lo a lutar na Guerra de Tróia. Odisseu, não
querendo aderir após o nascimento de Telemachos, finge ter
enlouquecido e começa a semear sal nos campos. Palamedes, sabendo
como Odisseu é astuto, não se deixa enganar, vai verificar e coloca
Telemachos na frente da charrua. Odisseu escapa imediatamente de seu
filho recém-nascido, mas ao fazê-lo, trai-se a si mesmo. Odisseu se deixa
convencer, mas faz Penélope prometer que se ele não tiver voltado até o
momento em que Telemachos tiver barba, ela escolherá um novo marido.

Odisseu lutou assim na Guerra de Tróia e recebeu a armadura de Aquiles
após sua morte. Ajax, filho de Telamon, não recebeu a armadura e matou
um rebanho de ovelhas. Ele havia confundido estas ovelhas com os
capitães gregos às mãos de Atena, sobre os quais ele queria esfriar sua
raiva, e depois cometeu suicídio. Após dez anos de luta, os gregos
perceberam que nunca poderiam tomar Tróia sozinhos com um cerco.
Odisseu inventou um estratagema: os gregos navegaram com seus
homens até Tenedos, uma ilha ao largo da costa de Tróia, para se
esconderem lá, mas deixaram um deles, Sinon perto de Tróia com uma
grande construção de madeira, o cavalo de Tróia, no qual os soldados
gregos se haviam escondido. Os troianos pensam, desde que os gregos
se foram, que eles desistiram. Sinon diz que é uma oferta dos gregos
para Atenas e que se os troianos levarem o cavalo dentro de suas
muralhas, isso garantirá a paz em Tróia. Mas para fazer isso, eles devem
derrubar parte do muro ao redor de sua cidade. Kassandra e Laokoön
ainda advertem seus colegas de cidade que isso é um ardil, mas mesmo
assim os troianos caem na armadilha. Sinon, uma vez que está em Tróia
e a noite já caiu, abre o cavalo. Os gregos saem do cavalo e são capazes
de abrir os portões da cidade e assim conquistar Tróia, matando muitos
dos habitantes.

Odisseu já havia tirado a ira de Poseidon em sua viagem de retorno porque ele havia arrancado o olho de Polifemo, o filho de Poseidon. Poseidon prometeu-lhe, portanto, que sua viagem de retorno não seria totalmente sem problemas.

Kikonen

Odisseu começou sua viagem de volta à sua ilha de Ítaca após a captura de Tróia, onde sua esposa Penélope e seu filho Telemachos estavam esperando por ele. Ele chegou primeiro na ilha dos Kikons. Os Kikons foram aliados dos troianos durante a guerra e, por esta razão, Odisseu e seus homens destruíram a ilha inteira e mataram quase todos os Kikons exceto Maron, o sacerdote de Apolo. Maron deu 12 potes de vinho intoxicante a Odisseu, o que lhe serviria bem mais tarde. Odisseu teve que partir com seus homens de cabeça porque alguns Kikons, que haviam conseguido fugir, haviam voltado com aliados. Ele perdeu seis homens em cada um de seus navios por causa de suas ações.

Comedores de Lótus

Odisseu, então chamado nas Cíclades e navegou para a ilha dos Comedores de Lótus, também conhecida como Lotoseters ou Lotophagen. Os Comedores de Lótus, como seu nome sugere, comem apenas lótus. Odisseu enviou imediatamente três homens para explorar aqui. Quando estes não retornaram após um certo tempo, Odysseus e os outros decidiram procurá-los. Afinal, os olheiros não queriam voltar para casa porque tinham comido do lótus. Odisseu arrastou os homens para fora da ilha e ordenou aos outros especialmente que não comessem das flores mágicas. Os batedores tiveram que ser amarrados no barco enquanto Odisseu navegava com seus homens.

O ciclope Poliphemos

Odisseu chegou então à ilha da Sicília, que na época era habitada por ciclopes. Odisseu e seus homens entraram em uma enorme caverna cheia de prateleiras de queijo e leite, parecendo como se as ovelhas fossem mantidas lá. Como presente para o anfitrião, Odisseu havia trazido sacos de vinho do padre do Kikonen. Quando esperaram um pouco, o ciclopes gigante Polyphemos entrou na caverna com suas ovelhas e perguntou quem eram os estranhos. Odisseu disse que seu nome era "Ninguém". Polifemo não foi muito amigável e decidiu comer alguns dos homens de Odisseu. Entretanto, como um presente a Odisseu, Polifemos prometeu comê-lo por último. Odisseu queria matar os ciclopes, mas percebeu que ele e seus homens ficariam então presos na caverna, pois não eram suficientemente fortes para afastar a rocha na frente da entrada. Ele recorreu, portanto, a um estratagema.

Todos os dias Polifemos comia quatro homens, dois de manhã e dois à noite, e a certa altura Odisseu perguntou se Polifemo não queria algo para beber. Ele deu a Polyphemos os sacos de vinho, que os ciclopes esvaziaram completamente. Este último caiu então em um sono profundo. Odisseu fez um poste encontrado muito pontiagudo e o aqueceu no fogo. Junto com mais quatro homens, Odisseu apunhalou este poste no único olho de Polifemos, cegando-o. Polyphemos então pediu a ajuda de outros ciclopes. Eles perguntaram por que Polifemo pediu ajuda, ao que ele respondeu: "Nenhum truque, nenhuma violência, me ameaça de morte!" Odisseu percebeu que ainda não estava fora da caverna, pois a única saída estava bloqueada por uma grande pedra, que era impossível de sair. Pela manhã, Polifemos sempre deixava sair as ovelhas, e este, segundo Odisseu, era o momento de fugir. Ele ordenou que cada um de seus homens fosse pendurado sob duas ovelhas para sair. Para si mesmo, no entanto, restou apenas um, que ele foi enforcar. Polifemo sentiu com suas mãos se apenas as ovelhas saíam pela saída, e assim não sentiu que havia pessoas penduradas sob as ovelhas. Na última ovelha, sob a qual Odisseu estava pendurado, ele ficou desconfiado, porque esta deveria estar à frente. No entanto, ele o deixou passar. Quando Odisseu chegou em seu navio, não pôde deixar de gritar a Polifemo que eles haviam escapado. Em resposta, Polyphemos atirou uma pedra, que acabou de perder o navio. Odisseu gritou depois de Polifemos que preferia matá-lo, o que foi respondido com uma segunda pedra. Polifemo sentiu-se ferido e procurou a ajuda de seu pai: o deus Poseidon. Ele perguntou a seu pai se poderia tornar o resto da viagem de Odisseu a Ítaca ainda mais difícil. Por causa de seu vôo, Odisseu teve que deixar para trás seu companheiro Achaimenides, mas ele seria levado mais tarde por Enéas.

Aiolos

Depois de navegar por algum tempo, Odisseu chega a uma ilha, onde encontra Aiolos, o deus do vento. Odisseu e seus homens são bem recebidos em sua ilha e lá permanecem por mais de um mês no palácio de Aiolos. Quando Odisseu sai novamente, Aiolos lhe dá uma bolsa, que contém todos os ventos, exceto o vento sul. Odisseu não deve em caso algum abri-lo, pois deve usar os ventos para seus mastros: se não houver vento, ele pode voltar a mover-se abrindo o saco. Seus homens estão naturalmente curiosos para saber o que está no saco, mas Odisseu não revela nada. Os homens pensam que há ouro e jóias no saco, e pensam que Odisseu quer guardar estes tesouros para si mesmo. Graças aos ventos favoráveis de Aeolus, Odisseu e seus homens logo se aproximam de Ítaca. Quando os homens quase chegaram a Ítaca, Odisseu adormece devido à fadiga. Seus homens brindam a volta para casa com vinho e abrem todas as bolsas, assim como a bolsa de todos os ventos, e uma grande tempestade irrompe, expulsando-os de Ítaca, de volta para a ilha de Aiolos. O deus fica muito surpreso ao ver Odisseu novamente, mas quando ele explica o que aconteceu, ele percebe que um dos deuses olímpicos está antagonizando Odisseu. Além disso, ele está zangado por Odisseu ter lidado com seu dom desta maneira, então ele o expulsa imediatamente e sua comitiva de seu palácio.

Laistrygonen

Depois de navegar longe de Aiolos, Odisseu e seus homens chegam à ilha de Laistrygons. Quase todos os navios do Odysseus atracam no porto, apenas o navio do Odysseus permanece à distância. Os Laistrygons são gigantes e esmagam os navios da Odysseus atracados no porto com rochas. O navio de Odisseu consegue escapar no momento certo e perseguido pelas rochas, eles navegam para Aiaia, a casa da feiticeira Kirke, também conhecida como Circe.

Kirke

Em Aiaia, Odysseus envia um grupo de escoteiros para ver o que a ilha tem a oferecer. No entanto, quando eles ficam longe por muito tempo, Odisseu decide procurar por si mesmo. Em sua busca, ele encontra Hermes, o mensageiro dos deuses. Ele adverte Odisseu sobre a perigosa poção mágica da feiticeira Kirke. Se Odisseu beber disso, ele se transformará em uma besta, a menos que ingira uma erva chamada Moly, que Hermes lhe oferece. Odisseu não confia nele porque Moly é venenoso. Hermes eventualmente consegue convencer Odisseu. Odisseu o come, e prossegue para encontrar o palácio de Kirke. Ao redor do palácio, ele vê todos os tipos de animais diferentes andando. Ele descobre que seus homens também se transformaram em animais, ou seja, javalis.

Odisseu se encontra com Kirke e ele a ordena que solte seus homens. Kirke quer oferecer-lhe uma bebida primeiro, e Odysseus a bebe, esperando que a erva de Hermes funcione. Kirke fica todo chateado quando Odisseu não se transforma em um animal, e diz que ela irá conjurar seus homens de volta, se Odisseu for para a cama com ela. Odisseu vai para a cama com ela e, como prometido, os animais voltam a se transformar em humanos. Odisseu e seus homens permaneceram no Aiaia por um ano. Depois eles seguiram em frente novamente.

Submundo

Kirke havia aconselhado Odysseus a ir ao submundo e procurar a sombra do vidente cego Teiresias. Com a ajuda de Kirke, Odysseus chega ao submundo e entra nele sozinho. Ele tem que cavar um poço no submundo e oferecer lá três sacrifícios: uma mistura de leite e mel, vinho doce e água. Sobre isso, ele deve aspergir farinha, fazer alguns votos e sacrificar um carneiro negro e uma ovelha negra. Odisseu havia sido informado por Kirke que Teiresias é o primeiro a ser permitido beber do sangue, mas é claro que todos os espectros descem sobre o sangue, que Odisseu tenta manter à distância com sua espada. Ele vê sua mãe entre as sombras, que ainda estava viva quando deixou Ítaca, mas também não pode deixá-la beber do sangue, até que Teiresias tenha tido o suficiente. Teiresias finalmente se dirige a Odisseu e prevê para ele que ele e seus homens chegarão a Itaca em segurança se ele deixar sozinho as vacas de Helios, o deus sol, pastando na ilha de Thrinakia. De volta para casa, ele terá que matar os pretendentes que querem se casar com Penélope, mas depois disso ele terá uma velhice tranquila. O vidente também diz a Odisseu que Poseidon é a causa de seu infortúnio. Depois desta previsão, Odisseu poderia finalmente fazer sua mãe beber do sangue. Sua mãe cometeu suicídio porque não podia mais suportar viver sem ele. Odisseu também encontra Agamenón, um dos outros líderes do cerco de Tróia, que conta de que forma horrível ele morreu. Odisseu permanece no reino dos mortos nem um momento depois de conhecer sua mãe e Agamémnon.

Ele e sua tripulação navegaram de volta para a ilha de Kirke e saíram de lá após uma boa noite de sono. Odisseu ficou na ilha por um total de cinco dias, mas o que ele e seus homens não sabem é que cada dia no palácio é um ano no mundo real. Quando ele quer sair novamente da praia de Aiaia, ele vê que seu navio está coberto de areia. Eles têm que desenterrá-lo primeiro.

Sirenes

As sereias são metade deusas, metade abutres e metade humanas. Eles tentam os marinheiros com seu canto a navegar em sua direção, fazendo com que os navios corram para as rochas e se afundem, deixando a tripulação a navegar mal.

Odisseu tinha recebido bons conselhos de Kirke para tapar seus ouvidos e os de seus homens, para que não fossem tentados a ir até as sirenes e cavar suas próprias sepulturas. Ele tapou os ouvidos de seus homens com cera de abelha, mas tinha-se amarrado ao mastro para que pudesse ouvir as sirenes, mas não podia navegar em direção a elas. Além disso, ele instruiu seus homens que, se ele gritasse, eles não deveriam desatá-lo, mas que deveriam amarrá-lo ainda mais firmemente. Assim, eles passaram incólumes pela ilha das sirenes.

Skylla e Charybdis

Odisseu, tendo passado as sirenes inteiras, passou com seu navio por um estreito, presumivelmente o Estreito de Messina. Eles entraram numa caverna e lhes foi dada uma escolha: ou eles tinham que passar Charybdis, que engole e cospe água várias vezes ao dia, arriscando perder o navio inteiro, ou passar Skylla, um monstro de seis cabeças que mataria ou tiraria seis de seus homens. Odisseu escolheu este último, preferindo perder seis de seus homens em vez de todos eles.

Helios

Odisseu chega a Thrinakia, atual Sicília, a ilha onde o deus sol Helios pastoreia seu gado. Odisseu teria preferido evitar esta ilha, dadas as advertências de Teiresias e Kirke. Mas eles não podem voltar, e os homens conseguem que Odisseu fique na ilha por pelo menos um dia. Surge um período de tempo desfavorável, e Odisseu é obrigado a permanecer mais tempo na ilha. Ele fez seus homens jurarem ficar longe do gado, mas depois de um tempo a comida acaba, e os homens preferem incorrer na ira dos deuses do que morrer de fome. Eles abatem alguns bovinos e os assam sobre uma fogueira. Odisseu acorda, e se aproxima dos homens jurando e gritando. Helios obriga Zeus a punir os homens, e Zeus promete a ele que eles não escaparão de sua punição.

Uma vez que o vento diminuiu, Odysseus e seus homens são capazes de partir novamente. Mesmo antes que a ilha de Helios esteja fora de vista, uma grande tempestade irrompe e o raio de Zeus atinge o navio de Odysseus, causando seu afundamento. Todos os homens se afogam, apenas Odisseu permanece vivo. Agora ele terá que continuar sua viagem de volta para casa sozinho.

Kalypso

Odisseu conseguiu agarrar-se a um pedaço de destroços e flutua sobre ele. Ele chega a Charybdis mais uma vez, que drena o mar, causando a perda de sua jangada por Odisseu. Ele mesmo acaba de conseguir agarrar um galho em uma ilha e se agarra a ele até Charybdis cuspir o mar novamente. Ele salta para a jangada e segue em frente novamente, sem que a Skylla perceba.

Odisseu vai à misteriosa ilha de Ogygia, onde a deusa Kalypso vive com várias outras mulheres. Estas mulheres riem quando vêem Odisseu, porque nunca tinham visto um homem antes. Odisseu é bem cuidado na ilha, e Kalypso mostra-lhe que gosta dele. Kalypso lhe diz para esquecer Penélope, e que ela pode torná-lo imortal e eternamente jovem, mas ela não pode persuadir Odisseu a não voltar para casa e para Penélope. No entanto, ela o priva de todo o senso de tempo, e por isso ele pensa que só está na ilha por sete dias, quando na realidade esteve lá por sete anos.

Athena acha que a permanência de Odisseu em Ogygia foi suficiente após sete anos e convence Zeus a enviar Hermes para Kalypso, que lhe ordena que deixe Odisseu ir. Ela está relutante e diz que os deuses simplesmente não podem ter que ela ame um mortal, além disso, ela diz que o próprio Zeus fez com que Odisseu se lavasse aqui em cima. No final, Kalypso deixa Odysseus ir e ordena que ele construa um barco, com o qual ele possa navegar para casa.

Os Faracianos

Quando Odisseu tem a ilha dos Feacianos à vista, Poseidon causa uma tempestade, causando o naufrágio de Odisseu novamente. Ele pensa que vai morrer agora, mas justamente naquele momento aparece a ninfa Ino (também conhecida como Leukothea), dizendo-lhe que chegará à ilha em segurança se fizer o que ela diz. Ela o instrui a amarrar seu lenço, o que remove o medo da perdição e da morte, ao redor de seu peito e pular nu dentro da água. Odisseu não confia muito nela, mas não tem escolha. Com exceção do lenço de cabeça, ele salta nu para a água e nada até a costa. Apesar da ajuda de Pallas Athena, são necessários mais dois dias até que Odisseu se lave em terra. Lá ele tira o lenço de cabeça e, como Ino lhe havia instruído, o joga de volta ao mar com o rosto afastado. Depois ele vai descansar completamente nu nos arbustos.

Athena, disfarçada de amiga íntima, aparece à princesa Faiaak Nausikaä em um sonho. Ela diz a Nausikaä para ir à praia lavar sua roupa; ela também aponta que Nausikaä pode estar se casando em breve. No dia seguinte, Nausikaä vai com seus criados para lavar a roupa na praia.

Odisseu acorda ao som de Nausikaä e seus criados e, coberto com algumas folhas e um galho na mão, sai dos arbustos. Todos os criados fogem, apenas Nausikaä permanece de pé. Ela não teme o homem desconhecido nu. Odisseu lhe pergunta se ela tem um pano para ele embrulhar e se ela conhece o caminho para a cidade. Nausikaä ordena a seus criados que lavem Odisseu, mas Odisseu prefere fazê-lo ele mesmo. Quando ele é lavado, Nausikaä lhe explica como chegar à cidade e como agir para ser recebido hospitalizadamente.

Ele age como lhe é dito e vai para o palácio. Ele é tornado invisível pela deusa Atena e caminha diretamente em direção à rainha Arete. Quando ele cai e abraça os joelhos dela, sua invisibilidade desaparece, assustando a rainha. Odisseu implora a Arete que o deixe ir para casa, e os feacianos lhe dão os melhores alimentos e coisas porque acham que Odisseu é um deus. No entanto, Odisseu lhes diz que ele é uma pessoa comum, e não um deus. O rei Alkinoös promete a ele um navio para velejar para casa.

Um banquete é realizado para Odisseu, e Odisseu pergunta a um cantor se ele pode cantar sobre a Guerra de Tróia. Esta canção move muito Odisseu, e ele começa a chorar. Alkinoös pede a ele que revele seu nome, pois agora ele se tornou muito curioso. Odisseu agora responde que ele é Odisseu, o homem que inventou o Cavalo de Tróia. Alkinoös lhe pergunta se ele pode contar sobre suas aventuras no caminho de casa, e Odisseu narra tarde da noite.

Os feacianos acabam levando Odisseu e seu navio a última etapa até Ítaca, mas de acordo com algumas leituras são severamente punidos pelo Poseidon por isso: ou seu navio ou toda sua ilha afundou no mar.

Retorno a Ítaca

Durante os vinte anos de ausência de Odisseu, Penélope recebe cada vez mais pretendentes em sua casa que querem se casar com ela. No entanto, Penelope ainda ama Odisseu e não quer se casar novamente. Eles lhe asseguram que Odisseu morreu e lhe dizem que ela não pode continuar vivendo desta maneira. Penelope lhes diz que casará com alguém assim que ela tiver tecido uma mortalha para Laërtes, o velho pai de Odisseu. Ela começa a trabalhar neste sudário, mas logo chega à conclusão de que o terminará em um curto espaço de tempo. Portanto, ela tece durante o dia, mas retira a mortalha à noite.

Odisseu acorda em uma ilha que lhe é estranha, envolta em névoa. Ele conhece Athena, que lhe diz que ele está realmente em Ítaca e, para provar isso, ela remove a neblina. Odisseu agora reconhece a ilha e Athena lhe diz que não pode ir imediatamente a Penélope, por causa dos pretendentes. Ela diz que se ele fosse agora para Penélope, morreria como Agamémnon. Para protegê-lo disso, Athena o transforma em um mendigo e o envia a Eumaios, o pastor de porcos. Athena também lhe diz que partirá para Esparta, para enviar seu filho Telemachos de volta para casa. Isto porque ele se propôs a fazer perguntas sobre seu pai.

Com o tempo, Eumaios descobre que o mendigo é realmente seu mestre e o adverte para não retornar ao seu palácio, pelo menos não até que Telemachos tenha retornado. Quando Telemachos está de volta a Ítaca, Athena devolve Odisseu à sua verdadeira forma. No início, Telemachos não reconhece seu pai, mas Odisseu o convence de que sim. Odisseu pede a seu filho que o ajude a derrotar os pretendentes, ao que Telemachos naturalmente concorda.

Odisseu é novamente transformado em um mendigo por Atena e vai para seu palácio. Enquanto isso, os pretendentes se tornaram muito inquietos e querem que Penelope faça uma escolha agora. Ela inventa um ardil, o que significa que não precisa se casar com ninguém. Na parede ainda está pendurado o arco de Odisseu, que só ele pode amarrar. Ela organiza um concurso e aquele que pode amarrar o arco e usá-lo para atirar uma flecha através dos olhos de 12 eixos presos ao topo de uma só vez, torna-se o novo marido. Todos os pretendentes tentam armar o arco, mas nenhum deles consegue. Odisseu, por sua vez, caminhou até o palácio. Odisseu, ainda enfeitiçado, pergunta se ele pode tentar. Os pretendentes gritam que um mendigo não pode amarrar um arco, mas Penélope diz que o mendigo também pode tentar. Odisseu estica o arco e dispara através dos 12 olhos com ele, de modo que todos os pretendentes ficam atordoados. Odisseu se transforma novamente em sua forma normal, o que faz com que os pretendentes o reconheçam e fiquem assustados. Eles tentam matar Odisseu, e depois ele mata um deles. Os pretendentes estão indignados e pensam que não fizeram nada de errado. No entanto, eles viveram do dinheiro de Odisseu durante anos e insultaram sua esposa. Depois disso, Odisseu atira mais deles e uma verdadeira batalha começa. Ele recebe ajuda de Telemachos e juntos eles os matam a todos. Após esta terrível batalha, Odisseu ordena a sua antiga enfermeira, Eurykleia, que vá buscar todos os criados infiéis. Isto ela está muito feliz em fazer. As garotas aterrorizadas são forçadas a arrastar os cadáveres dos pretendentes e limpar o grande salão. Telemachos estica uma corda robusta entre o telhado e a parede do tribunal, na qual ele pendura os criados infiéis um a um.

Odisseu vai em busca de Penélope após a limpeza e se reúne com ela. Eles prometem ficar juntos para sempre.

Seguindo a figura de Odisseu

Não apenas os romanos usaram a figura de Odisseu, com "seus" Ulixes, para inspirar histórias ou fazer com que ele desempenhasse um papel de liderança nelas. Ainda hoje, ele aparece regularmente em livros e histórias.

No *Inferno de* Dantes, Odisseu arde no inferno entre os conselheiros do mal, como faz Diomedes. Ele diz a Dante e Virgil que depois de todas as suas andanças, ele fez uma última viagem, para a montanha de purificação do outro lado da terra, onde Deus afundou seu navio. Odisseu também desempenha um papel em Shakespeare'sTroïlus *e Cressida* e James Joyce's *Ulysses tem* o seu nome em homenagem a ele. Ele aparece ainda, por exemplo, no livro infantil *De vloek van Polyfemos*, escrito por Evert Hartman.

Artes Plásticas

Odisseu aparece regularmente na arte antiga e contemporânea. Os gregos já o pintaram freqüentemente em vasos e placas, mas os pintores dos dias 15 e 16 também o pintaram em telas.

Música

Claudio Monteverdi escreveu a ópera *Il Ritorno d'Ulisse na Pátria* em 1641, sobre o retorno de Odisseu a Ítaca. Pelo menos três "cenários" seguidos no século 20, um por John Harbison (*Odisseu*) e outro por Nicholas Maw (*Odisseu*). Alan Hovhaness dedicou sua 25ª sinfonia ao amor entre Odisseu e Penélope.

Filme

A história de Odisseu e suas aventuras já foi filmada muitas vezes, inclusive na minissérie A Odisséia. Uma interpretação muito livre é o filme O Irmão de 2000, Onde estás?

Construção de Odisseia

O termo "construção de Odisseia" é às vezes usado nos círculos governamentais, referindo-se ao encontro de Odisseu com as Sereias. Os anos 2002-2004 foram caracterizados por um crescimento relativamente baixo ou mesmo um declínio na receita tributária, bem como pelo aumento das taxas marginais de impostos. No ano de 2005, quando a receita tributária (especialmente sobre a renda e a riqueza) explodiu repentinamente, o déficit de financiamento do governo diminuiu. Para o eleitor e o representante eleito do povo, isto sinaliza que as finanças públicas estão em ordem e, portanto, há um excedente, cujo uso foi liberado. A chamada do eleitor foi comparada à atração das Sirenes que, com seu canto limpo, conseguiram seduzir muitos barqueiros e zarpar nas falésias. Para Odisseu, a solução era tão simples quanto eficaz: ele tinha seus tripulantes amarrando-o ao mastro para que ele pudesse resistir à tentação à força.

Orfeu

Orfeu (grego antigo: Ὀρφεύς) é um músico, poeta e profeta da mitologia grega. De acordo com a tradição, ele viveu na Trácia. A tradição diz que ele poderia fazer árvores e animais dançarem com sua música. Ele era famoso com a lira, e diz-se que foi ensinado pelo próprio Apollo.

Ele é mais conhecido pelo mito de Orfeu e Eurídice, que tem sido musicado por muitos escritores e compositores. A história conta como Orfeu, após a morte de sua esposa Eurídice, desce ao submundo e negocia com Hades, deus do submundo, para devolver sua esposa ao reino dos vivos. Seu canto encanta Hades, e ele recebe permissão para levar Eurydice com ele, na condição de não olhar para trás uma vez em sua viagem para cima. É claro que, pouco antes de deixar o submundo, ele está tão preocupado com sua esposa que olha para trás de qualquer maneira, condenando-a assim ao submundo afinal de contas.

Na antiguidade, esta figura semi-mítica era vista como uma figura histórica, a quem foram atribuídos alguns poemas e proposições filosóficas. Seu nome está associado ao movimento religioso-sabedoria do Orfismo. Ele até foi contado entre os Sete Reis Magos por alguns.

Diz-se que Orfeu foi morto por ninfas.

Perseu

O filho de Zeus, fundador da Mycenae, e assassino da Gorgon Medusa

Perseus (grego antigo: Περσεύς) é uma figura da mitologia grega. Ele era um herói, filho de Zeus e Danaë. Mais conhecido por suas ações contra a Gorgo Medusa.

Um oráculo disse a Akrisios, rei da cidade-estado grega de Argos, que um dia ele seria morto por seu neto. Como precaução, ele teve sua única filha, Danaë, trancada em uma câmara de bronze até que ela fosse muito velha para ter filhos. O que Akrisios não sabia era que o deus chefe Zeus tinha outros planos para Argos. Zeus era conhecido por ter assuntos extraconjugais com mulheres mortais. Mas nunca lhe foi permitido mostrar-se a um mortal, porque então o mortal seria atingido por um raio. Por esta razão, mas também para entrar na câmara de bronze, ele se transformou em uma chuva de pó dourado; ele entrou pela janela da grade e engravidou Danaë.

Danaë tinha um filho, Perseu. Akrisios tinha ela e seu filho trancados em um caixão de madeira vazio, que depois foi jogado ao mar. Eles foram levados para a ilha de Serifos, onde Diktys, um pescador gentil, os acolheu e cuidou deles.

Perseu e Medusa

187

O lequoso irmão de Diktys Polydektes, rei de Serifos, queria Danaë como esposa, mas Perseu defendeu a honra de sua mãe relutante. Furiosos com a rejeição, Polydektes exigiu cavalos de cada habitante, como presente para o próximo pretendente, Hippodaméia, filha do rei Oinomaos de Pisa. Perseu não tinha cavalos, mas disse que conseguiria qualquer coisa para o rei, mesmo que fosse a cabeça do Gorgo Medusa. Polydectes sabia que ninguém jamais havia retornado dos Gorgons e enviado Perseu em seu caminho.

Zeus pediu a Athena que ajudasse seu filho. Ela apontou Perseu para uma caverna na Líbia, onde viviam três mulheres idosas, as Graeae. Elas sabiam onde estavam as ninfas que poderiam dar armas especiais a Perseus contra os Gorgons. Os Graeae eram irmãs dos Gorgons e se recusaram a ajudar. Juntos eles tinham um olho e um dente. Quando um passou o olho para o outro para que ela pudesse observar o estranho, Perseu arrancou o olho e ameaçou não devolvê-lo até que lhe dissessem onde viviam as ninfas. Disseram-lhe que as ninfas viviam pelo Styx no submundo. Perseu então devolveu o olho. Ele foi até as ninfas que lhe deram armas e outros itens. Ele recebeu uma bolsa para a cabeça da Medusa e o capacete do Hades que o tornava invisível. Hermes, o mensageiro dos deuses, deu-lhe uma foice e emprestou-lhe suas sandálias aladas para fugir rapidamente de suas duas irmãs, Stheino e Euryale (que tinham asas douradas e mãos de bronze). Hermes também o ajudou a polir o escudo para que o escudo se espelhasse, para que Perseu pudesse ver os Gorgons em imagem de espelho através de seu escudo e não ficasse petrificado como todos os outros quando olhava para eles. Há fontes que dizem que Perseu recebeu o escudo espelhado de Atena.

Perseu percebeu que estava se aproximando dos Gorgons, à medida que mais e mais pessoas petrificadas ficavam ao longo da estrada. Invisível através de seu capacete mágico e olhando através de seu escudo, Perseu caminhou em direção à Medusa. Ela era hedionda, com cobras em vez de cabelos e uma língua vermelha entre duas grandes presas. Ele a decapitou com um golpe de foice, colocou a cabeça no saco e voou para longe. Incapazes de acompanhá-lo, Stheino e Euryale voltaram e lamentaram sua irmã.

No caminho de volta, Perseu passou a noite na terra das Hespérides, filhas de Atlas. Seu jardim de maças douradas (um presente de casamento de Gaia para Zeus e Hera), foi estritamente guardado pela Atlas, que havia sido informada de que um filho de Zeus queria roubar as maças. Ele tentou matar Perseu, mas Perseu agarrou a cabeça da Medusa e o petrificou (as montanhas Atlas de hoje).

Perseu e Andrómeda

Perseu estava voando ao longo da costa da Etiópia quando, bem abaixo dele, viu uma jovem mulher acorrentada a uma árvore em um penhasco junto ao mar. Ao se aproximar, ele viu duas tristes figuras nos penhascos, seus pais, o rei Cefeu e a rainha Cassiopéia. Eles lhe contaram o que havia acontecido.

Cassiopéia tinha alegado arrogantemente ser mais bela que as Nereids, as filhas de Nereus, o Velho do Mar e um ancestral de Poseidon. Como punição por esta arrogância (híbrido), Poseidon causou a destruição das regiões costeiras da Etiópia por um monstro marinho chamado Cetus. Um oráculo havia dito a Cefeu que ele poderia fazer o monstro marinho partir sacrificando sua filha Andrómeda.

Perseu propôs ao casal real salvar Andrómeda em troca de sua mão. Naquele momento, o monstro marinho emergiu e Cefeu rapidamente concordou. Perseu matou o monstro com sua foice e tirou Andrómeda de suas correntes. Naquela noite, Cefeu anunciou o casamento entre Andrómeda e o herói grego, esquecendo que ele já a havia prometido a seu irmão Phineus. Uma batalha eclodiu e quando Perseu percebeu que Phineus estava bem ultrapassado em número com suas tropas, ele agarrou a cabeça da Medusa novamente, petrificando-os assim.

Perseu navegou com Andrómeda até a ilha de Serifos. Ao chegar, ele descobriu que Polydektes ainda estava perseguindo sua mãe. Ele trouxe Danae e Andromeda para Dictys e se dirigiu ao palácio real. Lá ele lhes disse que havia retornado com o presente para Hippodaméia. Ele petrificou todos os presentes, mostrando novamente a cabeça da Medusa. Perseu deu o chapéu, foice e sandálias ao mensageiro Hermes, que trouxe tudo de volta para as ninfas na África. Perseu deu a cabeça da Medusa a Atena, que prendeu a cabeça aterrorizante ao seu escudo (aegis). Perseus decidiu voltar a Argos para exigir da Akrisios sua parte da herança.

Perseus e Akrisios

Apesar do perdão de Perseu, Akrisios, pensando na profecia, fugiu para seu amigo Rei Teutamidas de Larisa. Ao ouvir isso, Perseu deixou Andrómeda e Danaë em Argos e partiu para fazer amizade com seu avô. Naquela época, o rei Teutamides estava realizando jogos em homenagem a seu pai aniversariante. Perseus não viu Akrisios e decidiu esperar até o banquete daquela noite. Enquanto isso, ele participava dos jogos, introduzindo o lançamento de discos. Ele pegou um disco de metal e o jogou o mais longe possível. De repente, o disco cedeu devido a ventos fortes. Por uma cruel reviravolta do destino, o disco voou para a multidão, matando Akrisios. A profecia tinha se tornado realidade.

Perseu voltou para sua mãe e esposa em Argos, mas percebeu que os deuses não lhe permitiriam governar a cidade do homem que ele havia matado. Ele trocou Argos por Tiryns, que ele governou durante anos. Ele fundou várias cidades na cordilheira dos Argólidos, incluindo a famosa cidade de Micenas. Andrómeda lhe deu muitas crianças e seu neto Eurystheus foi o último na dinastia Perseus de Argos.

Theseus

O rei de Atenas e o assassino do Minotauro

Estes cresceram em Troizen, na costa leste do Peloponeso. Sua mãe Aethra não sabia quem era seu pai. Ela havia dormido com Poseidon, o deus do mar, e Aigeus, o rei de Atenas, nove meses antes. Esta última disse a Aethra que se ela tivesse um filho, ela deveria criá-lo bem para se tornar um homem forte. Aigeus deveria colocar sua espada e sandálias sob uma pedra, e quando Theseus fosse forte o suficiente para levantar a pedra, ele viria a Atenas.

Quando Theseus completou 18 anos, ele conseguiu levantar a pedra e foi para Atenas. Em seu caminho, ele encontrou todo tipo de assaltantes. O primeiro vilão foi chamado Skiron. Ele vivia perto do mar. Ele forçou os viajantes a sentar-se na beira de uma rocha e lavar os pés. Em seguida, ele os expulsou e as vítimas foram comidas pela tartaruga gigante que vivia sob a rocha. O segundo vilão foi chamado de Procrustes. Ele ofereceu aos viajantes uma pernoite, ou seja, sua própria cama. Se o hóspede era mais alto que a cama, o Procrustes corta a parte saliente. Se o hóspede era mais curto do que a cama, ele estava esticado. O último se chamava Sinis. Este dobrou dois pinheiros gigantes com sua incrível força e amarrou um viajante de passagem a eles. Então ele soltou as árvores e a vítima foi dilacerada. Estes fizeram os vilões sofrer o mesmo destino que suas vítimas: Sinis foi dilacerado, Skiron comido pela tartaruga e Procrustes esticado até morrer.

Enquanto isso, Aigeus tinha casado com Medeia, uma vidente, e tinha dado à luz a um filho chamado Medos. Quando Medeia viu Theseus, ela sabia que se não fizesse algo logo, Theseus se tornaria o herdeiro do trono em vez de seu filho Medos. Ela decidiu dar-lhe um teste: Estes tiveram que matar o touro da Maratona. Estes foram bem sucedidos, porém, e quando voltou, Medeia decidiu matá-lo no banquete, obrigando-o a beber veneno. Antes que Theseus bebesse, ele primeiro cortou a carne com a espada de seu pai. Quando Aigeus viu isto, o centavo caiu para ele. Ele arrancou o copo da mão de Theseus, que estava prestes a beber.

Entretanto, o Aigeus tinha mais um problema. O rei Minos de Creta ameaçou guerra com Atenas. Isto só poderia ser evitado enquanto Atenas tivesse quatorze jovens, sete meninos e sete meninas, navegando a cada nove anos como alimento para o Minotauro. Este foi um dos 14 que fizeram a viagem. Seu objetivo era matar o Minotauro e salvar as vidas dos outros jovens atenienses. Em Creta, ele se apaixonou por Ariadne, a filha do rei Minos. Ariadne quis ajudá-lo e lhe deu o *fio de Ariadne* e uma espada. Estes mataram o Minotauro e conseguiram fugir do labirinto.

Estes levaram Ariadne no barco e, junto com os outros meninos e meninas atenienses, navegaram em direção a Atenas. Eles pararam na ilha de Naxos e dançaram uma dança lá. No sétimo dia, Theseus prometeu a Ariadne tudo o que um homem e uma mulher casados prometem um ao outro. No dia seguinte, Theseus partiu cedo, deixando Ariadne para trás. Ariadne foi tomada mais tarde por Dionysus. Esta é a versão mais comum da história, contada por escritores como Ovid e Catullus. Outra versão, por exemplo, na *Bibliotheca*, afirma que Dionísio tinha reivindicado Ariadne para si mesmo após chegar em Naxos e Theseus teve que desistir dela.

Estes ainda ouviram o chamado de Ariadne e foram amaldiçoados. Como resultado, ele esqueceu de içar a vela branca. De fato, antes de sua viagem, estes tinham combinado com seu pai que - se ele sobrevivesse - ele voltaria com uma vela branca. Agora ele velejava com uma vela preta. Quando Aigeus viu o navio com a vela negra, ele pensou que Theseus tinha morrido. Ele caiu no mar após o que morreu. Como resultado disso, estes se tornaram o rei de Atenas. O mar em que o Aigeus caiu, desde então, tem sido chamado de Mar Egeu.

Além disso, de acordo com uma versão pouco utilizada da história, ou seja, na *Bibliotheca*, Theseus participou da jornada do Argonaut. Também é dito que ele participou da caça ao Calydonian. Além disso, ele ajudou Heracles na jornada para ganhar a posse do cinturão da Amazônia, segundo Filochoros e outros escritores citados por Plutarchos.

192

Mais tarde, ele voltou para as Amazonas e enganou sua rainha Antiope. Ela era a irmã de Hippolyte, que havia sido morta por Heracles. Antiope deu a Theseus um filho a quem ela deu o nome de sua falecida irmã Hippolytos.

Ele também ajudou seu bom amigo Pirithoüs contra um Centauro e jogou xadrez com ele Helena. Quando eles também queriam jogar xadrez com Perséfone, Hades se irritou e, através de um estratagema, os fez sentar no "Assento do Esquecimento", que penetrou em seus corpos e os impediu de se levantar.

Heracles resgatou Theseus, mas Lycomedes já tinha se assegurado de que ele se tornaria rei. Estes foram então para a ilha de Skyros. O rei o acolheu gentilmente e o convidou para um passeio. Durante essa caminhada, ele empurrou Theseus de uma rocha para o mar. Estes se afogaram no mar de Poseidon. Em qualquer caso, se Poseidon fosse seu pai, ele não o teria salvo.

Mulheres notáveis

Arachne

Uma tecelã hábil, transformada por Athena em uma aranha por sua blasfêmia

Arachne (grego antigo: ἀράχνη - 'aranha') é uma figura da mitologia grega e romana.

A história é contada, entre outros, nas *Metamorfoses de* Ovid: Arachne poderia girar e tecer extraordinariamente bem. Seus trabalhos eram fabulosos em beleza e todas as pessoas admiravam seus trabalhos. Parecia que ela havia sido ensinada pela deusa Atena (romana: Minerva), mas a própria Arachne negou isso. Athena então se disfarçou de velha e aconselhou Arachne a implorar o perdão de Athena por suas palavras orgulhosas. Isto, no entanto, Arachne recusou. Athena ficou enfurecida com a arrogância da menina e a desafiou, agora com seu próprio disfarce, a competir contra ela em um concurso de tecelagem. Arachne fez uma trama perfeitamente bela, que despertou grande raiva em Atena. A deusa então rasgou o trabalho de Arachne em pedaços. Além disso, ela bateu na cabeça da Arachne várias vezes. Isto chocou tanto Arachne que ela se enforcou para escapar da punição. Mas Athena, por piedade, a reanimou e a transformou na aranha, que sempre balançava de um fio, mas continuava a tecer com arte.

Com este mito, a mitologia grega explica a origem da teia de aranha.

Cassandra

Uma princesa de Tróia, que foi amaldiçoada para ver o futuro, mas nunca para ser acreditada

Cassandra ou **Kassandra** (grego: Κασσάνδρα; "ela que entrelaça/confusa homens/pessoas") foi uma das filhas de Príamo, rei de Tróia e rainha Hécuba. Cassandra era tão bela que o deus Apolo quis dividir a cama com ela. Cassandra concordou, mas em troca queria o dom de poder prever o futuro. Uma vez que Apollo concedeu seu desejo, porém, Cassandra recusou-se a cumprir sua promessa.

Apolo estava furioso e queria puni-la. Mas os deuses não podiam desfazer um presente concedido. Apolo lhe pediu um último beijo, cuspindo uma maldição em sua boca no processo, para que ninguém acreditasse nela quando ela fizesse uma previsão.

De fato, Cassandra previu a queda de Tróia várias vezes e não foi acreditada por ninguém. Junto com Laocoön, ela advertiu, também em vão, contra trazer o cavalo de Tróia.

Na captura de Tróia, ela se refugiou em uma estátua de Pallas Athena, mas Ajax, o Menor, cruelmente a arrancou dela. Cassandra foi então levada para Mykene por Agamemnon como despojo de guerra. Ela o advertiu de sua morte iminente, mas não se acreditava. Ele foi morto no

196

banho por sua esposa Clytaimnestra com golpes de machado e um pouco mais tarde Cassandra foi decapitada com o mesmo machado.

Atualmente, o termo *previsão de cassandra* refere-se a uma previsão de desgraça que se revela correta em retrospectiva; mais especificamente, ao fenômeno de não se acreditar em previsões de desgraça inevitável, o que coloca o preditor na situação impotente de saber que um desastre está prestes a acontecer, mas não ser capaz de convencer os outros a fazer o necessário para limitar os danos.

Helen

Filha de Zeus e Leda, cujo sequestro provocou a Guerra de Tróia

Helena (grego antigo: Ἑλένη, *Helenè*) é uma personagem da mitologia grega. Ela é uma filha do deus chefe Zeus e Leda. Helena era a mulher mais bela da Grécia. Diz-se que Zeus seduziu Leda com o disfarce de um cisne e dos ovos postos por Leda, Helena e Polydeukes (Pollux) nasceram. Esta história continua viva na expressão latina *ab ovo*. Diz-se que Zeus fez isso porque achava que o mundo estava superpovoado e queria fazer algo a respeito através da Helena. Na mesma noite em que Helena e Polydeukes foram concebidas, o marido de Leda, o rei Tyndareos, também foi pai de dois filhos com ela: Clytaimnestra e Kastor.

Quando chegou a hora de Helena se casar, muitos reis e príncipes vieram pedir a mão dela, ou enviaram emissários para fazê-lo em seu lugar. Entre eles estavam Odisseu, Menestheus, Aias o Grande, Patroclus e Idomeneus, mas o favorito era Menelaus, que não veio pessoalmente, mas foi representado por seu irmão Agamemnon. Todos trouxeram presentes magníficos e caros, com exceção de Odisseu.

Helena foi forçada a casar-se com Menelaus, que sempre seguiu e apoiou seu irmão Agamemnon em tudo. Com Menelaus, ela teve uma filha, Hermione.

Helena para Tróia

O mito diz que alguns anos depois Paris, um príncipe troiano, veio a Esparta para trazer a garota mais bonita do mundo. Esta foi Helena. Afrodite lhe havia prometido isto, se em troca ele a escolhesse como a mais bela deusa no julgamento de Paris, incorrendo assim na ira de Atena e Hera.

Quando Paris visitou Helena e Menelaus, eles o receberam muito calorosamente e, com a ajuda de Afrodite, Helena se apaixonou por Paris e deixou seu marido, para estar com seu novo amante.

Quando Menelaus descobriu que sua esposa havia desaparecido, pediu conselhos a seu irmão Agamemnon. Agamémnon, que queria lutar contra Tróia durante anos, disse a seu irmão para declarar guerra. Menelaus convocou todos os reis e heróis da Grécia para iniciar a Guerra de Tróia. Um "mil navios" foram lançados pelos gregos para recuperar a Helena de Tróia. No Doutor Faustus de Christopher Marlowe, Mefistófeles faz Helena aparecer em troca da alma de Faustus. Quando Fausto contempla sua beleza, ele exclama: "Foi este o rosto que lançou mil navios?"

Depois de dez anos de guerra, quando finalmente - através do ardil com o cavalo de madeira - entrou em Tróia, Menelaus quis matar Helena. Mas quando Helena viu Menelaüs, o feitiço se rompeu e ela se apaixonou por ele novamente. Menelaüs, que não conseguia superar seu coração para matá-la, levou-a de volta a Esparta e envelheceu com ela.

Helena para o Egito

Outra tradição (Stesichoros et al) tem que não é a própria Helena, mas uma sombra parecida com ela é raptada por Paris. A verdadeira Helena é raptada de Esparta por Hermes e levada para o Egito. Isto teria tornado a Guerra de Tróia (travada em nome de um fantasma) completamente inútil. Tudo isso é a cruel vontade de Hera, que tenta frustrar Afrodite (porque esta última foi eleita a mais bela das deusas por Paris). Após a queda de Tróia, Menelaus não pode voltar para casa: ele perambula pelos mares durante sete anos com sua tripulação e a Helena fingida. Eventualmente, eles sofrem um naufrágio e ficam encalhados na costa egípcia. Quando Menelaus chega ao palácio do governante local (que está mantendo Helena cativa para casar-se com ela), ele conhece sua verdadeira esposa. Isto causa alguma confusão. Quando a Helena finge que de repente se esfumaça, Menelaüs percebe que sua esposa ficou no Egito todo esse tempo e, portanto, *não era uma* adúltera. Juntos, eles inventam um ardil para escapar do rei egípcio Proteus e voltar para sua própria Esparta. Esta versão constitui a base da tragédia de Eurípides *Helena*.

Esta história de uma "Helena virtuosa" foi criada deliberadamente porque a imagem de uma Helena adúltera (como ela é retratada por Homero) era um olhar desagradável para os adoradores de Helena em Esparta e Argos.

Medea

Uma feiticeira e esposa de Jason, que matou seus próprios filhos para punir Jason por sua infidelidade

O poeta romano Ovídio, em suas Metamorfoses, levou a história de Medeia mais longe. Depois de fugir de Corinto, Medeia se torna a esposa de Aegeus. Mais tarde, ele a afasta depois de sua tentativa mal sucedida de envenenar seu filho, Theseus.

Na mitologia grega, **Medea** (latim) ou **Medeia** (grego antigo: Μήδεια) foi uma feiticeira de Colchis que ajudou Jason a conquistar o Velo de Ouro. Ele a levou para a Grécia, mas a abandonou pela filha do rei de Corinto, após o que Medeia se vingou terrivelmente matando seus dois filhos, assim como o rei de Corinto e sua filha.

Pedigree

Medea era a filha de Oceanid Eidyia e Aietes, o rei de Colchis. Através de seu pai, ela era neta de Helios e sobrinha da feiticeira Circe. Como ela, Medeia possuía grandes poderes mágicos.

Medéia e Jason

Colchis era o lar do Velo de Ouro. Jason e os Argonautas vieram com seu navio, o Argo, de Iolcus para recuperar o Velo de Ouro por ordem do Rei Pelias. Entretanto, Aietes, o rei de Colchis, não tinha a intenção de desistir. Mas sua filha Medea se apaixonou por Jason e decidiu ajudá-lo de qualquer maneira. Em troca, ele prometeu fazer dela sua esposa e levá-la com ele para a Grécia. Graças à magia de Medeia, Jason conseguiu completar as tarefas impossíveis que Pelias lhe havia dado e também conseguiu derrotar o dragão que guardava o Velo de Ouro e conseguir o velo.

Com o Velo de Ouro e a Medéia, Jason e os Argonautas zarpam novamente para a Grécia. De acordo com algumas fontes, Medeia havia assassinado seu meio-irmão Absyrtus, cortou-o em pedaços e o jogou no mar, para expulsar os perseguidores que queriam recuperar o cadáver.

Segundo Apolônio Rhodius, que em sua *Argonautica* descreveu em detalhes a viagem dos Argonautas para lá e para cá, eles se casaram no palácio de Alcinoüs, rei dos Feaiacianos. Alcinoüs, que foi ameaçada pelos perseguidores de Colchis, tinha prometido entregar Medeia, a menos que se revelasse que ela era casada com Jason. A esposa de Alcinoüs, Arete, havia transmitido esta mensagem a Jason e Medea, que então se casaram apressadamente. Alcinoüs então resistiu às tropas de Aietes, e Jason e Medea chegaram a Iolcus após algumas aventuras.

Jason havia empreendido a viagem de Argonaut para conseguir o trono de Iolcus, mas quando voltou com o Tosão de Ouro, Pelias se recusou a renunciar ao trono. Medea se vingou dele. Ela abateu um carneiro velho, cortou-o em pedaços, jogou-o em um caldeirão de água fervente e acrescentou todo tipo de ervas mágicas. Depois de algum tempo, um jovem cordeiro saltou do caldeirão. As filhas de Pelias, que testemunharam este milagre, pediram a Medeia que rejuvenescesse também o pai deles. Ela concordou, e por sua insistência, as filhas mataram seu pai e o jogaram no caldeirão. Mas Medeia permitiu que Pelias permanecesse morto.

De acordo com algumas fontes, Medeia teria previamente aplicado uma cura de rejuvenescimento ao pai de Jason Aeson: Ovid descreveu em suas *Metamorfoses* (7, 159-293) como Medeia procedeu e substituiu o sangue de Aeson pelo suco mágico que o tornou 40 anos mais jovem.

Jason fugiu com Medeia para Corinto. Lá eles tiveram dois filhos, os gêmeos Mermeros e Pheres (às vezes também chamados de Tessalos e Alkimenes), e, segundo algumas fontes, um terceiro chamado Tissandros. Após dez anos, porém, Jason se apaixonou por Creüsa (ou Glauce), a filha do rei de Corinto. Ao casar-se com ela, ele poderia mais tarde se tornar rei de Corinto. Quando o rei concordou com o casamento, Jasão tentou persuadir Medeia a renunciar voluntariamente a qualquer outra continuação de seu casamento. Ele alegou que queria se casar com a filha do rei de Corinto a fim de dar a seus filhos um bom futuro. Embora Medeia tenha ficado profundamente ofendido, Jason prosseguiu com seus planos de casamento. Medea fingiu consentir com o casamento e fez com que a futura noiva de Jason entregasse um vestido de noiva impregnado com uma substância mortífera. Quando Creüsa vestiu o roupão, o veneno queimou em seu corpo, liberando carne e pele de seus ossos. Seu pai Creon, que veio em seu auxílio, também foi consumido pelo fogo. Então Medeia matou seus próprios filhos com uma espada. Com uma carruagem dragônica enviada por seu avô Helios, Medeia fugiu. O episódio sobre a vingança de Medeia em Jasão forma a substância da famosa tragédia de Eurípides *Medeia.*

Entretanto, havia também uma versão do dramaturgo ateniense Karkinos, na qual Medéia não matou seus filhos, mas os escondeu da vingança de Jason. Esta versão é mencionada pelo Aristóteles contemporâneo de Karkinos, e em 2004 foi encontrada em um fragmento de papiro no Louvre.

Medeia e Aegeus

Depois de seu vôo de Corinto, Medeia foi para o rei Aegeus em Atenas. Ela tinha conseguido ganhar a confiança dele prometendo devolver-lhe a força de sua juventude. Ela se casou com ele e eles tiveram um filho Medus. Para proteger os interesses de Medus, ela empreendeu uma tentativa de matar Theseus, filho de Aegeus de um relacionamento anterior, com veneno. Quando isto saiu, Medéia foi expulsa do país com seu filho. De acordo com algumas fontes, ela fugiu para sua cidade natal de Colchis. Ali, seu pai Aietes havia sido destronado por seu irmão Perses. Medeia matou Perses e ajudou seu pai a recuperar o poder. Após sua morte, ela foi venerada como uma divindade pelos colchianos.

Medusa

Medousa (grego antigo: Μέδουσα) ou **Medusa** (latinizado) é uma figura monstruosa da mitologia grega. Medusa é a filha de Phorcys e Ceto e é a mais famosa das três Gorgons.

A Medusa já teve uma beleza especial. Entretanto, para seu desgosto, ela vivia em uma terra onde o sol nunca brilhava. A Medusa implorou a Athena que a deixasse partir para regiões ensolaradas. Athena não permitiu isso porque temia que as pessoas não a elogiassem, mas a Medusa por sua beleza.

Em outra versão do mito, diz-se que a Medusa incorreu na ira de Atena porque Poseidon a havia violado no templo de Atena. A enfurecida Athena retaliou transformando os belos cabelos da Medusa em um monte de serpentes contorcidas. Além disso, qualquer pessoa que olhasse a Medusa em seus olhos se transformaria instantaneamente em pedra. Desde então, era seu trabalho petrificar o maior número possível de pessoas. Suas irmãs imploraram a Athene que a mudasse de costas. Eles disseram: "Sejamos como ela novamente", e assim aconteceu, pois Pallas Athene também os transformou em Gorgons, e depois lhes deu a vida eterna.

Ela acabou sendo morta e decapitada pelo herói Perseu, que foi ajudado nisso por Atena, entre outros. De seu sangue (como resultado de um amor anterior com Poseidon) nasceram o cavalo alado Pegasus e o gigante Chrysaor. Com a cabeça, Perseu petrificou um monstro marinho e um exército inteiro, e o rei ordenou que ele matasse Medusa. Finalmente, sua cabeça foi dada por Perseu a Atena, que a colocou em seu escudo para petrificar os inimigos com ela.

Pandora

Na mitologia grega, **Pandora** (grego antigo: Πανδώρα) (seu nome pode significar tanto *portadora de todos os presentes* quanto *doadora de todos os presentes* ou *dotada*) é o nome da primeira mulher, formada por Hephaistos da água e da terra. Ela foi enviada por Zeus aos mortais como um castigo para trazer calamidade sobre eles, depois que Prometheus roubou o fogo do céu, com o objetivo de redimir os homens de sua condição infeliz.

Mito

Prometeu e seu irmão Epimeteu haviam sido incumbidos por *Zeus* de fazer o homem. Eles, portanto, fizeram o homem, mas porque o homem era tão infeliz, Prometeu roubou uma tocha ardente do Olimpo e deu à humanidade o fogo. Zeus pensava que esta traição era tão ruim que ele queria punir a humanidade. Para evitar ofender Prometeu e Epimeteus, ele não o fez diretamente. Ele ordenou que Hephaistos formasse da água e da terra uma mulher chamada Pandora. Então todos os deuses lhe deram bons presentes. Athena deu-lhe inteligência, talento e boas maneiras. Ela a vestiu com as roupas mais bonitas e coloridas. Afrodite lhe deu a graça e a beleza de uma deusa. Os outros deuses lhe deram ouro e colocaram flores em seus cabelos. O último deus, Hermes, fez seu discurso e plantou pensamentos sem vergonha e uma natureza enganosa em seu ser. Isto lhe deu uma característica que nenhum outro mortal tinha: a curiosidade.

Zeus a deu ao Prometeu, mas este último sabia que um presente dos deuses não é isento de conseqüências e a recusou. Ele aconselhou seu irmão a fazer o mesmo. Zeus então mandou Hermes trazê-la para Epimeteus, o estúpido irmão da Prometheus. Apesar dos avisos da Prometheus, ele a tomou como esposa. Zeus também deu ao casal um *pithos* (navio), no qual todos os acidentes foram trancados. Se o navio permanecesse fechado, eles não poderiam afetar ninguém. Pandora estava curiosa e queria abrir a embarcação, mas Epimetheus a deteve. Um dia, Pandora não conseguiu conter sua curiosidade e abriu o navio, liberando todos os desastres, doenças e preocupações que estavam se espalhando pela terra: a existência despreocupada do homem tinha chegado ao fim.

Pandora bateu as palmas da tampa, com o resultado de que *a esperança* não podia escapar. Portanto, entre os desastres mais ferozes que afligem as pessoas na Terra, só resta a esperança. A esperança é às vezes representada como a ave que voou do barril quando foi aberta pela segunda vez, como uma mensagem de conforto para os seres humanos (humanidade, espécie símia).

De acordo com outra versão pessimista, porém, a esperança é a única coisa de que as pessoas são privadas. Uma terceira interpretação implica que a própria esperança também é um presente envenenado. Afinal, a esperança de algo mais é a não-aceitação do que se manifesta aqui e agora.

Pandora deu a sua consorte várias filhas, Prophasis, a deusa do subterfúgio, Metameleia, a deusa do arrependimento e Pyrrha, que mais tarde se tornou a esposa de Deukalion.

Polyxena

A filha mais nova do rei de Tróia, sacrificada ao fantasma de Aquiles

Polyxena (grego: Πολυξένη) na mitologia grega é a filha mais nova do Rei Prião de Tróia e Hecuba, e portanto irmã de Hector, Paris, Deïphobus, Helenus, Troïlos e de Creüsa e Cassandra. Ela não é mencionada por Homero, mas de acordo com descrições posteriores da Guerra de Tróia por autores como Dares Phrygius, Dictys Cretensis e Hyginus, ela era tão bonita quanto Helena e tinha cabelos longos e loiros, e o grego Aquiles se apaixonou por ela. Seus pais deram permissão a Aquiles para casar-se com ela, após o que Hecuba prendeu Aquiles e o mandou matar por Paris.

Muito descrito é o modo cruel como a Polyxena morreu na captura de Tróia pelos gregos. Segundo a *Cipria* (um dos épicos cíclicos), ela foi ferida por Odisseu e Diomedes na tomada de Tróia e foi enterrada pelo filho de Aquiles Neoptolomeu (Eur. *Hec.* 41). Entretanto, todas as versões posteriores do mito, começando com Ibycus (fr. 36) e a peça de Eurípedes *Hecuba*, dizem que ela foi morta por Neoptolomeu. De acordo com Eurípides e Sêneca (em sua *Trojan Women*), o espírito de Aquiles apareceu sobre seu túmulo algum tempo após sua morte e exigiu o sacrifício da menina, e de acordo com Ovid (*Metamorfoses* XIII, 439ss), o espírito apareceu a Agamémnon e seus companheiros com esse pedido. Eurípides, que dedicou grande parte de sua tragédia *Hecuba* à morte de Polyxena, descreve a garota que está sendo apanhada por um duro e decidido Odisseu, que tem que se defender das amargas reprovações de sua mãe Hecuba. Em sua descrição, Ovídio enfatiza a coragem com que a Polyxena entra na morte, agitando até mesmo o Neoptolomeu até as lágrimas. Na descrição de Quintus Smyrnaeus da história em sua *Posthomerica* (XIV, 193-351), o sacrifício da Polyxena é necessário para fornecer aos gregos um bom vento para navegar de volta (assim como o sacrifício da Iphigenia foi necessário na saída).

Reis

Agamemnon

Um rei e comandante dos exércitos gregos durante a Guerra de Tróia

Agamemnon, às vezes apresentado como *Agamemnoon*, (grego antigo: Ἀγαμέμνων) é uma figura da mitologia grega. Ele é o filho de Atreus, rei de Micenas, e Airope. Agamémnon tinha um irmão, Menelaos, e uma irmã, Anaxibia.

Na Guerra de Tróia, que foi travada para Menelaus, Agamémnon foi comandante do exército. Agamenón era casada com Clytaimnestra, a meia-irmã de Helena (esposa de Menelaus, que estava em Tróia com Paris). Helena descreve seu cunhado no livro três da *Ilíada de* Homero como um "governante poderoso, um bom rei e um poderoso lutador de lança". Agamenón não só foi rei de Micenas, como também comandou grande parte do Peloponeso. Ao fazer isso, ele era rei sobre o mar, pois tinha a maior parte dos navios na guerra contra os troianos. Não por nada foi Agamémnon βασιλευτατος πάντων, 'o mais rei de todos'.

Até o momento em que Hektor mata Patroclus, o tema principal da *Ilíada* é a disputa entre Agamemnon e Achilles. Quando Agamémnon toma de Aquiles a escrava Briseis, o presente de honra para Aquiles, este último se enfurece. Ele não quer mais lutar na guerra contra Tróia. Mais tarde no livro, Agamémnon tenta convencer Aquiles a lutar novamente, prometendo-lhe imensos presentes. Aquiles, no entanto, não quer nada disso.

Em 1876, o arqueólogo Heinrich Schliemann, que mais tarde 'descobriria' Troy, encontrou uma máscara dourada supostamente representando o rei

Agamenón, a 'Máscara de Agamenón'. Mais tarde foi revelado que a
máscara é anterior ao tempo em que se diz que Agamémnon viveu.

Agamémnon havia prometido à deusa Artemis sacrificar o melhor que ele
pegou enquanto caçava. Ele não o fez e assim Artemis permitiu que
soprasse um vento desfavorável para que os gregos não pudessem partir
para Tróia. Para obter ainda um vento favorável, ele teve que sacrificar
sua filha Iphigeneia, sob pressão do exército. Sua esposa, Clytaimnestra,
estava furiosa. De acordo com outra história, Agamemnon foi caçar pouco
antes de partir. Um dos cervos que ele matou acabou se tornando um dos
cervos sagrados de Artemis. Depois, quando também alegou ser melhor
na caça do que Artemis, a deusa causou uma trégua, impedindo os
gregos de navegarem para Tróia.

Durante a guerra, que deixou Agamemnon longe de casa por anos,
Clytaimnestra iniciou um relacionamento com Aigisthos, filho de Thyestes
(ou seja, primo de Agamemnon). Quando Agamémnon voltou vitorioso de
Tróia, incluindo a princesa troiana Kassandra como saque de guerra,
Aigisthos o matou no banho. Outra história sugere que Aigisthos
convence Klytaimnestra a matar Agamemnon naquele mesmo banho.

Agamemnon e Clytaimnestra tiveram quatro filhos: Iphigeneia, Electra,
Chrysothemis e Orestes. A Chrysothemis não desempenhou um papel
importante na mitologia grega e, portanto, é freqüentemente omitida. As
outras três crianças levaram a maldição do Tantalos (ver abaixo) mais
longe em suas vidas. Electra e Orestes vingaram seu pai, matando sua
mãe e seu amante.

O gênero Tantalos

Agamémnon, junto com seu irmão Menelaus e seu primo Aigisthos, forma
a quarta geração da família Tantalos (ver imagem). A linhagem era
constantemente atormentada por punições dos deuses, com a causa
também deitada com os próprios deuses.

Tantalos, o progenitor, era um rei rico na Ásia Menor e vivia em condições
de igualdade com os deuses. Ele queria testar a omnisciência deles e
convidou os deuses para um jantar pelo qual matou seu próprio filho
Pelops e o serviu a eles. Todos os deuses se recusaram a comer, exceto
Deméter, que, por desgosto por sua filha estar no submundo, se
esqueceu e comeu um pedaço do ombro de Pelops. Pelops foi então
reanimado e recebeu um ombro de marfim.

Os deuses puniram o Tantalos no Tartaros com o famoso "tormento do Tantalus"; sempre amarrado, faminto e sedento, com a água mal alcançando sua boca e as maçãs penduradas por cima dele, fora de seu alcance.

Tantalos tinha uma filha, Niobe. Este último insultou Leto (a mãe de Apolo e Artemis) com o fato de Leto ter apenas dois filhos e ela ter 14. Apollo e Artemis vingaram sua mãe por este insulto. Artemis matou todas as filhas de Niobe e Apollo todos os filhos dela.

Pelops também teve dois filhos, Thyestes e Atreus. Os dois filhos lutaram várias vezes pelo trono. No final, foi Atreus quem resistiu.

Atreus teve dois filhos: Agamemnon e Menelaus. Agamémnon tornou-se rei de Micenas, Menelaus de Esparta.

Midas

Um rei da Frígia concedeu o poder de transformar qualquer coisa em ouro com um toque

Midas era um lendário rei da Frígia. Vários mitos sobre ele são conhecidos na mitologia grega. Embora ele e seu pai Gordias tenham permanecido conhecidos principalmente por mitos, acredita-se que sejam figuras históricas. De acordo com vários escritores, a mãe de Midas era a deusa Cybele.

Toque dourado

Porque ele havia salvo o bêbado satyr Silenos, Dionysos, o deus do vinho, concedeu-lhe o poder de transformar em ouro tudo o que ele tocou. Entretanto, quando sua comida e seu filho também se transformaram em ouro, ele decidiu lavar o poder que tinha no rio Paktolos.

Orelhas de burro

Outro mito diz que ele era um grande adorador de Pan, o deus dos pastores e das terras escarpadas. Mas, ao se colocar do lado do Pan, ele ofendeu Apolo, o deus da música.

Pan gostou de tocar músicas simples em sua flauta de palheta. Como muitas pessoas achavam bonito, ele começou a se gabar de ser um músico melhor do que Apolo. Ele desafiou Apolo para um concurso no qual o deus da montanha Tmolos tinha que dar um veredicto. Tmolos se vestiu de juiz, uma coroa de folhagem de carvalho em seu cabelo, e cachos de bolotas pendurados em seu rosto, e ouviu a música. O Pan começou, e todos ficaram encantados com suas alegres peças de flauta. Então Apolo pegou sua lira, e seus tons balançaram como ondas na brisa suave, suave e deliciosa. Tmolos deu o prêmio à Apollo. Midas protestou e disse que gostava mais de Pan.

"Você não poderia ter ouvido isso", disse Tmolos. "Não há nada de errado com meus ouvidos", disse Midas. Nesse momento, Apolo não podia mais controlar sua raiva e disse: "Se você os usa dessa maneira, você não é digno de ter os ouvidos de um ser humano". Ele deu a Midas um par de orelhas longas, grisalhas e peludas, dizendo: "Agora você se parece com o burro que é". Midas tinha vergonha de suas novas orelhas e tentou escondê-las sob um turbante. Depois de um tempo, seu barbeiro descobriu o segredo. O barbeiro não ousou contar a ninguém sobre a deformidade da Midas, mas também não conseguiu guardar tudo para si. Então, ele entrou no campo, cavou um buraco e confiou seu segredo à terra em um sussurro. Todo segredo, no entanto, quer se tornar público. Onde o barbeiro tinha cavado o buraco, cresceu uma floresta de canas, e quando o vento soprava através dela, ele enferrujava e parecia gritar: "O rei Midas tem orelhas de burro! O rei Midas tem orelhas de burro"! Quando Midas descobriu que todos sabiam de seu segredo, ele morreu de vergonha.

Causa de morte

Na mitologia, além da "morte por vergonha", fala-se também em ser envenenado com sangue de boi.

Monte de túmulo

O chamado "Monte Tumba do Rei Midas" no Gordion é atualmente identificado como o túmulo de seu pai Gordias. Não se sabe o que aconteceu com seu corpo após a morte de Midas.

Édipo

Um rei de Tebas destinado a matar seu pai e casar com sua mãe

Oidipous (grego antigo: Οἰδίπους) ou **Édipo** (latinizado), anteriormente em holandês também **Edipus**, é uma figura da mitologia grega. Édipo é um filho de Laios (rei de Tebas) e Iokaste.

Édipo é o personagem principal na tragédia de Sophokles 430 a.C. *O rei Édipo* (*Oidipous tyrannos* ou *Édipo Rex*) e em seu *Oidipo em Kolonos*. Ele também figura na *Phoinissai* de Eurípides. Ésquilo (*Sete contra Tebas*) e Aristófanes também escrevem poemas sobre Édipo e seus descendentes. Entretanto, o mito de Édipo é muito mais antigo do que estes dramaturgos do século V a.C.: desde Homero faz uma alusão lateral à lenda de Édipo.

Mito

No mito de Édipo, o Oráculo prometeu ao rei Laios um herdeiro há muito esperado, mas ao mesmo tempo advertiu que ele pereceria às mãos de seu próprio filho. Para evitar isso, o rei disporia de seu filho recém-nascido. Ele cortou os tendões dos pés de seu filho menor (Édipo significa literalmente *pés inchados*) e ordenou ao guardião do rebanho real que levasse a criança para as montanhas e o deixasse lá. No entanto, o pastor que teve que deixar o bebê para trás não conseguiu fazer tal coisa. Nas montanhas, ele deu o bebê a um amigo pastor da vizinha Corinto. Este último trouxe a criança ao casal real sem filhos Polybus e Periboea, onde Édipo cresceu como filho e herdeiro. Mais tarde, Édipo ouviu do Oráculo que mataria seu pai (que ele não conhecia, entretanto) e se casaria com sua mãe. Temendo isto, ele fugiu de Corinto.

Enquanto vagueia, ele encontra inconscientemente seu pai biológico em uma encruzilhada em uma região chamada Fokis. Quando Édipo se aproxima da junção, ele vê um arauto escoltando uma carruagem itinerante que se aproxima dele. O arauto o força violentamente para fora da estrada e Édipo, em fúria cega, dá uma bofetada no homem. O distinto viajante na carruagem o bate na cabeça com sua bengala. Édipo ataca imediatamente para trás, de modo que o homem cai de costas para fora da carruagem. Ele mata a comitiva inteira; apenas um servo é capaz de escapar.

Mais tarde, ele passa por Tebas, que é aterrorizada por uma esfinge após a morte do rei. Esta esfinge mata qualquer um que não consiga resolver o enigma dado. O enigma diz: "Que criatura anda com quatro pernas de manhã, duas à tarde e três à noite?

Édipo consegue resolver o enigma: um homem "caminha" como um bebê em quatro, como um adulto em duas pernas e, quando envelhece, caminha em três pernas, duas pernas e uma bengala. É assim que ele entrega a cidade a partir do monstro. Ele é coroado rei (ainda sem saber que ele matou seu pai, o rei anterior) e recebe a rainha (Iocaste, sua mãe) como sua esposa. Édipo teve quatro filhos de sua mãe, dois filhos, Eteocles e Polinicies, e duas filhas, Ismene e Antigone.

Mais tarde, quando Tebas é assolada pela peste, o oráculo revela que isto se deve a um assassino impune. Através do vidente cego Tiresias, eles aprendem que é o próprio Édipo. O infeliz Édipo se goza e vai vagando como penitência. Pelo menos na versão da Sophokles. Em Sêneca, lemos que o oráculo de Delfos alude não apenas ao parricídio, mas também ao incesto com a mãe. Édipo, no entanto, não entende as pistas. Tiresias e sua filha Manto devem trazer ajuda. Eles fazem um sacrifício, mas quando nada corre como o esperado (devemos ler as peculiaridades como alusões ao destino futuro de Édipo), decide-se convocar Laios do submundo. Este último acusa abertamente seu filho, mas ainda assim Édipo não vê o que está acontecendo. Somente quando um velho coríntio e o pastor Porbas lhe dizem francamente que Iocaste não é apenas sua esposa, mas também sua mãe, é que isso se torna claro para ele. Édipo arranca seus olhos em resposta. Com Sophokles ele se acalma depois disso, em outras versões ele se enfurece: ele amaldiçoa a natureza e pensa ter triunfado sobre o destino por sua atrocidade.

Édipo é exilado de Tebas e vagueia por aí até finalmente chegar ao templo dos Erinéus em Colonus. O rei Theseus de Atenas o protege e ele também ganha a simpatia dos deuses. Enquanto isso, seus filhos Eteocles e Polynices governam por rotação. Isto degenera em uma luta de poder quando Eteocles se recusa a ceder o trono e Polinicies tenta encontrar aliados no exterior para marchar contra Tebas (Sete contra

217

Tebas). Agora os Thebans querem desesperadamente o Édipo de volta. Creon e Eteocles tentam persuadir Édipo a voltar, mas este último recusa. Logo depois, Polinices tenta o mesmo, primeiro pela persuasão e depois pela força. Édipo se recusa a voltar e amaldiçoa seus filhos: que pereçam pela mão um do outro em combate fratricida. Édipo falece pacificamente, agora reconciliado com os Erinyes que agora se tornaram Eumenides para ele.

Sísifus

Sísifos (grego antigo: Σίσυφος) ou **Sísifo** (latim) é uma figura da mitologia grega. Ele foi o fundador e rei de Corinto e casado com a Plêiade Merope. Ele era um homem astuto, mas cometeu o erro de desafiar os deuses. Ele conseguiu escapar deles a cada vez, mas ao fazer isso, agravou sua punição final. Era que ele tinha que empurrar uma rocha contra uma montanha no Tártaro até o fim dos tempos.

Mito

Sisifos fundou Corinto e promoveu o comércio, mas foi também um mestre da astúcia e do engano. Ele violou os princípios da hospitalidade ao matar hóspedes quando pensou que isso o beneficiaria, seduziu sua própria sobrinha, e depôs seu irmão como rei.

Assim, Sísifos incorreu na ira de Zeus ao trair o deus do rio Asopos que sua filha Aegina havia sido enganada por Zeus como sua enésima conquista. Ele fez isso porque acreditava estar em pé de igualdade com os deuses e, portanto, podia se dar ao luxo de trair um deus. Este desafio despertou a raiva de todos os deuses.

Quando Sísifos morreu, os deuses enviaram Thanatos (Morte) atrás dele para capturá-lo, acorrentá-lo e levá-lo aos Tartaros. O astuto Sísifo viu o humor e conseguiu enganar o Thanatos. Ele pediu a Thanatos para demonstrar como as correntes funcionavam e conseguiu amarrá-lo durante esta "demonstração". Como resultado, ninguém na Terra morreu. Ares, irritado por seus oponentes não terem morrido mais, o libertou alguns dias depois.

Sísifos foi convocado pelos deuses para realmente morrer depois deste truque, mas antes que Ares e Thanatos viessem buscá-lo, ele instruiu sua esposa a não enterrá-lo e, além disso, a não colocar uma moeda (obool) sob a língua do barqueiro Charon, para que ele não pudesse atravessar o Styx para o submundo. Chegando ao submundo, ele reclamou para Hades e Persephone sobre a negligência de sua esposa, então Hades não teve outra escolha senão mandá-lo de volta para completar os rituais necessários. De acordo com outras leituras, ele conseguiu convencer Hades e Persephone de que tinha sido enviado a Tartaros por engano, sobre o qual eles o liberaram.

No entanto, Sísifos não pensou em voltar e decidiu continuar a viver por algum tempo. Finalmente, os deuses enviaram o rápido Hermes atrás dele, que o trouxe de volta para os Tártaros. Assim, afinal os deuses se apoderaram dele e ele foi condenado a empurrar uma pesada rocha para cima de uma montanha íngreme no Tartaros, que, no entanto, rolou de volta para as profundezas do topo a cada vez, de modo que ele estava condenado a empurrar eternamente aquela rocha para cima da montanha íngreme novamente e novamente. Com isso, Zeus mostrou que no final, os deuses eram mais espertos que Sísifos, e este último foi punido por sua arrogância.

9 789493 258761